퀘벡
(캐나다)

벨기에   룩셈부르크

프랑스   스위스

모나코

알제리

말리   니제르

차드

기니   토고

카메룬

가봉   콩고   콩고
민주공화국

프랑스어를 사용하는 나라들

France   *Niger*

Québec, Canada *Tchad*

Belgique   *Cameroun*

Suisse   *Gabon*

Luxembourg   *Congo*

Algérie   *République Dé   ...atique du Congo*

Mali   *Guinea*

Togo   *Monaco*

Mr. Su...

OLD
STAIRS

1등 프랑스어

1판 1쇄 2022년 2월 1일

저　　자 Mr. Sun 어학연구소, 옥대경
펴 낸 곳 OLD STAIRS
출판 등록 2008년1월10일 제313-2010-284호
이 메 일 oldstairs@daum.net

가격은 뒷면 표지 참조

ISBN 979-11-91156-44-7

1등 프랑스어 활용법

01 프랑스어 알파베 익히기

겉으로 보기에는 영어의 알파벳과 비슷하지만,
읽는 방법과 발음에는 차이가 있는 **프랑스어의 알파베**.

QR코드를 찍으면 **완벽한 원어민 발음**을 들을 수 있다.
원어민 발음을 들으며 완벽한 발음으로 프랑스어를 시작하자.

LL ll 두브르 엘
elle
엘르 : 그녀

02 200가지 필수 표현으로 프랑스어와 친해지기

일상생활에서
가장 자주 쓰이는 표현을 선정했다.

복잡한 문법 구조, 성수 개념 등을 배우기에 앞서
가장 자주 쓰이는 문장들로 프랑스어와 친해지자.

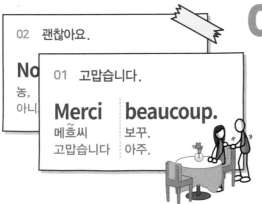

02 괜찮아요.
No
농,
아니...

01 고맙습니다.
Merci | beaucoup.
메흐씨 | 보꾸.
고맙습니다 | 아주.

03 만화로 이해하는 프랑스어

본격적으로 프랑스어를 배우기 전에,
프랑스어의 배경을 알아보자.

프랑스어의 뿌리, 발음, 성수 개념의 배경을 먼저 알면,
암기하는 속도도, 이해하는 속도도 불붙을 것이다.
술술 읽히는 만화로 프랑스어도 챙기고, 교양도 챙기자.

공부를 하는 여성 ♀

그림을 그리는 남성 ♂

04 핵심 문법 익히기

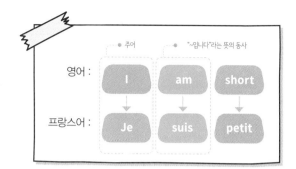

어려운 내용, 당장 필요하지 않은 내용은
과감히 생략하고 **필요한 내용만 담았다.**

눈에 확 들어오는 그림과 함께,
이야기하듯 쉽게 풀어낸 설명을 읽다 보면
어느새 프랑스어 문법의 기초가 저절로 이해될 것이다.

복잡한 문법 개념은 동영상 강의 QR코드를 확인해보자.
최고의 프랑스어 강사가 프랑스어를 시원하게 정리해 준다.

05 실력 다지기

재미있게 읽는 것만으로 끝내서는
제대로 공부를 했다고 할 수 없다.

문법 설명 뒤에 **배운 내용을 복습할 수 있는
연습 문제**가 실려 있다. 문제마다 친절한 그림 힌트가
함께 있으니, 내용을 잘 이해했다면
아무런 어려움 없이 해결할 수 있다.

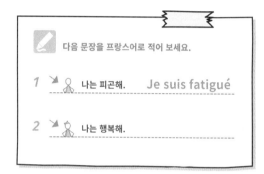

다음 문장을 프랑스어로 적어 보세요.

1 나는 피곤해.   Je suis fatigué

2 나는 행복해.

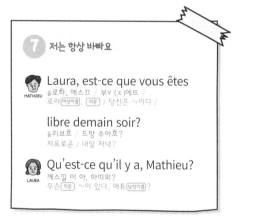

7 저는 항상 바빠요

Laura, est-ce que vous êtes
로라, 에스끄 / 부 v (ㅈ)에뜨 /
로라 [여성이름], [의문] / 당신은 ~이다 /

libre demain soir?
을리브흐 / 드망 수아흐?
자유로운 / 내일 저녁?

Qu'est-ce qu'il y a, Mathieu?
께스낄 이 아, 마띠외?
무슨 [의문] / ~이 있다, 매튜 [남성이름]?

06 일상에서 활용하기

일상적인 대화의 회화문이다.
각각의 상황에 맞는 팁(TIP)도 적혀 있어,
회화문을 읽기만 해도 쉽고 재미있게
프랑스어의 기본 표현을 익힐 수 있다.

발음을 어떻게 할지 몰라 고민이라면 걱정은 넣어두자.
올드스테이즈만의 발음표기가 함께 실려 있어
프랑스어를 읽는 즐거움을 바로 누릴 수 있다.

✚ 기초단어 PDF 제공
명사 / 동사 / 형용사 / 부사

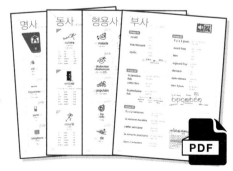

문장을 구사하기 위해 꼭 필요한 기초 단어 1,000개를 선정했다.
품사별로 잘 정리된 1,000개의 단어를 꼭 암기하자.
프랑스어 문장을 술술 막힘없이 독해할 수 있을 것이다.

▶ 공식 홈페이지   mrsun.com   에서 다운로드 받으세요.

table des matières
table of contents

**마무리
단어학습**

명사 500 단어
동사 200 단어
형용사 150 단어
부사 100 단어

▶ 공식 홈페이지 🔍 mrsun.com 에서 다운로드 받으세요.

만화로 이해하는
프랑스어

Apprenez le français avec une bande dessinée

안녕, 나는 여러분에게 프랑스어에 대해 알려 줄 프랑스어 요정이야.

문화와 예술의 나라에 어서 와!

프랑스어가 어렵다는 말은 주변에서 익히 들었을 거야.

하지만 영어를 조금이라도 공부한 적이 있다면

모델 model

소스 sauce

restaurant 레스토랑

기념품 souvenir

찾아보면 훨씬 많아!

프랑스어를 배우는 데 꽤 도움이 될 거야.

비슷해!

왜냐하면 영어와 프랑스어는 같은 조상으로부터 탄생한 친척 같은 언어거든.

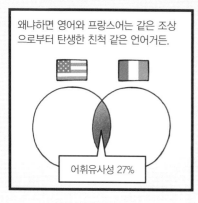

어휘유사성 27%

조상님이 누구냐고?

우리 후손들 부지런하기도 하지~

그래. 아마 짐작했겠지만, 라틴어가 바로 그 조상님이셔!

이쁜 내 자식들이야.

이탈리아어

프랑스어

스페인어

'라틴'이라고 하면 남부 유럽의 민족이나 문화를 뜻하는데

Europe

음~ 향긋해.

레이디 퍼스트!

South Africa

그만큼 라틴어는 한때 널리 사용되었던 언어야.

너도 라틴?

나도 라틴!

그런 라틴어를 사용하는 곳이 지금은 단 한 곳밖에 없어.

바티칸 시국
세계에서 가장 작은 나라,
가톨릭교의 중심지.

한때 유럽을 뒤덮었던 라틴어가 왜 지금은 사라지다시피 했을까?

LATIN!

라틴어는 로마의 지배 계급이 사용하던 언어였어.

그래, 바로 우리들이지~

로마 지배 계급

우리가 흔히 사용하는 ABCD 등을 '로마자'라고 부르는 것도 그런 이유야.

ABC~

로마자!

그런데 라틴어는 불필요하게 복잡한 구조를 가지고 있었어.

아니, 이게 도대체 뭐야?

꾸물 꾸물

라 틴

그게 어느 정도 복잡하냐 하면…, 구조만 보았을 때 말이지….

LATIN

START→

→END

보통 영어보다 프랑스어가 조금 어렵고, 프랑스어보다는 독일어가 훨씬 어려운데

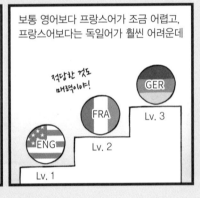

적당한 것도 매력이야!

GER

FRA

ENG

Lv. 1

Lv. 2

Lv. 3

라틴어는 독일어보다 훨씬 어렵다는 평이야.

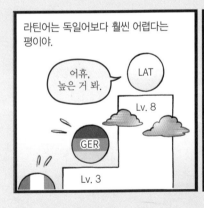

어휴, 높은 거 봐.

LAT

Lv. 8

GER

Lv. 3

그렇다고 영어가 무조건 쉽다는 건 아니야. 영어의 기본 구조는 매우 간단하지만

나도 할 수 있어!

응용을 통한 표현 방법이 매우 풍부하기 때문에 고급영어는 반대로 매우 어려워.

윌리엄 셰익스피어
영국이 낳은 세계 최고 극작가

아무튼, 이렇게 어려운 라틴어는 유럽 전역으로 퍼져나가게 돼.

왔노라, 싸웠노라, 이겼노라.

유럽 일빵은 내가 먹는다!

왜? 로마가 싸움을 잘하니까.

발 씻고 기다리라고!

하지만 로마의 지배를 받는 지역의 사람들은 어땠겠어?

이걸 쓰라고 만든 거야?

울며 겨자 먹기로 그 어렵다는 라틴어를 쓰긴 쓰지만

라틴어

엉터리로 쉽게 쓰기도 하고 또 원래 쓰던 언어와 섞어 쓰기도 했을 거야.

그러다 어느 순간 로마 제국이 쇠퇴하고 로마의 지배층이 힘을 상실하면서 라틴어는 점차 쓰이지 않게 돼.

강성했던 힘과 문화에 비교하면 언어는 그렇지 않았던 셈이지.

아이고 허리야...

그리고 로마군과 라틴어가 떠나간 자리에는 라틴어의 영향을 받은 각 지역의 언어가 남아있을 뿐

이탈리아어

프랑스어

스페인어

정작 라틴어는 남아 있지 않아.

라틴어

재미있는 것은 이탈리아는 물론, 로마에서조차 라틴어가 사라졌다는 점이야.

MISSING

이 사람 누구야?

나도 모르겠어.

다만 이탈리아의 지식인들은 국가적 자부심이 있었기 때문에

우리가 로마 제국의 중심이었어!

이탈리아어 속에 라틴어를 최대한 남기려고 노력했어.

더 안돼?

이게 한계야.

이탈리아어

라틴어

이제 프랑스어 이야기를 해 볼게.

이탈리아 사람은 사촌 격인 프랑스어로 쓰인 책을 읽을 수 있을까?

어디 한번 볼까…

프랑스어

➡ 만화는 80쪽에서 계속 이어집니다. 011

INTRO

프랑스어에
대하여

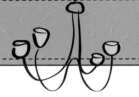

알파베와 발음

영어와 비슷한 **발음**, 영어와 다른 **발음**

우선 프랑스어의 알파베를 살펴보겠습니다. 겉으로 보기에는 영어의 알파벳과 똑같군요.
하지만 읽는 방법과 발음에는 조금의 차이가 있습니다.

A 아	B 베	C 쎄	D 데	E 으	F 에프f	G 제	H 아쉬
I 이	J 쥐	K 꺄	L 엘	M 엠	N 엔	O 오	P 뻬
Q 뀨	R 에흐̃	S 에스	T 떼	U 위	V 베V	W 두블르 베V	X 익쓰
Y 이그헥	Z 제드						

알파베와 함께 쓰는 **세 가지 종류의 기호**

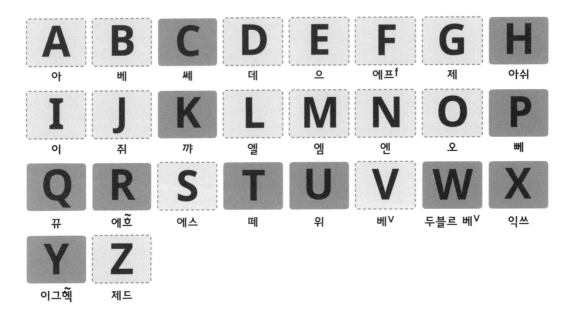

É 악썽 (ㄸ)에귀 accent aigu 　Ê 악썽 씨흐̃꽁플f렉스 accent circonflexe　 È 악썽 그하브V accent grave

모음 위에 붙여주는 것들은 '악썽'이라고 하는데, 여러 가지 강세를 표시하는 역할을 합니다.
초급 단계에서는 자세히 배우지 않습니다.

Ç 쎄디유 cédille　C에는 특별한 꼬리를 달아주기도 하는데 이를 '쎄디유'라 부릅니다. 항상 모음 앞의 C에 사용되고, 발음은 S로 변합니다.

Ë 트헤마 (분음부호) tréma　쌍점은 '트헤마(분음부호)'라고 부르는데, 각각의 모음을 개별적으로 소리나게 합니다.
ex) *mais* [메] : 그러나　*maïs* [메이스] : 옥수수

R r — 에ㅎ

'ㅎ'로 표시하지만, 보통의 'ㅎ'과 달리 기도를 좁혀 **살짝 떨리는 소리**를 만들어냅니다.

tous les jours
뚜을레 쥬흐 : 매일매일

gratin
그ㅎ탱 : 그라탕

chou à la crème
슈 아 을라 크헴 : 슈크림

entrée
엉트헤 : 들어가다

L l — 엘

영어의 'L' 혹은 'Y' 처럼 발음합니다.

film noir
필 f름 누아흐 : 범죄 영화

soleil
솔레이유 : 해

lingerie
을란제히 : 란제리

palette
빨레뜨 : 팔레트, 색조

LL ll — 두브르 엘

영어의 'L' 혹은 'Y' 처럼 발음합니다.

ballet
발레 : 발레

papillon
빠삐용 : 나비

elle
엘르 : 그녀

chère ville
쉐흐빌v : 정다운 도시

CH ch — 쎄+아쉬

영어의 'SH' 처럼 발음합니다.

chanson
셩송 : 가요, 노래

chic
쉬크 : 멋진, 세련된

chandelier
셩들리에 : 촛대, 샹들리에

chère ville
쉐흐빌v : 정다운 도시

GN gn — 제+엔

'GN'은 'N'만 발음합니다.

montagne
몽따뉴 : 산

champagne
셩빠뉴 : 샴페인

H h — 아쉬
소리를 내지 않습니다.
무조건 묵음.

hôpital
오삐딸 : 병원

silhouette
씰루에뜨 : 윤곽, 옆얼굴 초상

W w — 두블르 베v
영어의 'W' 혹은 'V'처럼 발음합니다.

week-end
위껜드 : 주말

wagon
바v공 : (기차의)객차

Ç ç — 쎄디유
'ㅆ'처럼 발음합니다.

garçon
갸흐쏭 : 소년

leçon
을르쏭 : 수업

C c — 쎄
'ㄲ' 혹은 'ㅆ' 발음이 납니다.

vacances
바v껑쓰 : 휴가

cent
썽 : 백(100)

accent
악썽 : 악센트 (말씨)

X x — 익쓰
'X'는 4가지의 발음이 있습니다.

sixième
씨지엠 : 6번째

six
씨쓰(s) : 6(숫자)

taxé
딱쓰(acs) : 세금

exercice
엑그제흐쓰씨 : 연습

S s — 에스
영어의 'S'처럼 발음하고, 앞뒤로 모음이 올 경우, 영어의 'Z'처럼 발음합니다. 단어끝에 오는 'S'는 발음하지않습니다.

temps
떵 : 시간

pays
페이 : 나라

parasol
빠하솔 : 파라솔

mademoiselle
마드무아젤 : 아가씨

N n　엔

영어의 'N'처럼 발음하지만, 모음 뒤에서는 '응'처럼 콧소리를 냅니다.

mon cher tonton
몽 쉐흐 똥똥 : 내 사랑하는 아저씨

vin
방ᵛ : 포도주

bonbon
봉봉 : 사탕

nuance
뉘앙스 : 낌새, 느낌

M m　엠

영어의 'M'처럼 발음하지만, 모음 뒤에서는 '응'처럼 콧소리를 냅니다.

temps
떵 : 시간

complet
꽁쁠레 : 완전한

K K　꺄

영어에서는 'ㅋ'으로 발음하지만 프랑스어에서는 'ㄲ'으로 발음합니다.

kilo
낄로 : 킬로그램

ski
스끼 : 스키

Q q　뀨

영어에서는 'ㅋ'으로 발음하지만 프랑스어에서는 'ㄲ'으로 발음합니다.

question
께스띠옹 : 질문

banque
벙끄 : 은행

P p　뻬

영어에서는 'ㅍ'으로 발음하지만 프랑스어에서는 'ㅃ'으로 발음합니다.

page
빠쥬 : 페이지

père
뻬흐 : 아빠

T t　떼

영어에서는 'ㅌ'으로 발음하지만 프랑스어에서는 'ㄸ'으로 발음합니다.

apéritif
아뻬히띠프f : 식욕을 돋구는

tennis
떼니쓰 : 테니스

프랑스어 모음의 발음은 **불규칙적**이다.

프랑스어의 모음은 매우 불규칙적이기 때문에 영어와 같은지 다른지를 구분하는 것조차 큰 의미가 없습니다.
따라서 한 번에 배우려 들기보다는 단어와 문장을 하나씩 접하면서 익숙해지는 것이 더 좋은 방법입니다.
아래의 예시들은 그럼에도 기억해둘 만한 모음과 그 조합의 발음 몇 가지를 모은 것입니다.

뛰:너

무아:나

블뢰:푸른

크헤용:연필

베쥬:베이지색

부ⱽ아이야주:여행

메:5월

쐬흐:여동생

에쒸이에:닦다

프랑스어의 연음
Liaison, 연음이란?

프랑스어 **연음** 알아보기

누구나 한 번쯤은 프랑스 영화를 본 적이 있을 것입니다. 프랑스 영화는 내용이 독특하기도 하지만, 그보다 우리에게 강한 인상을 주는 것은 아마도 프랑스어의 발음일 것입니다. 프랑스어의 간질간질한 발음을 가만히 듣고 있자면 저절로 웃음이 나기도 하잖아요. 프랑스어만의 그 특징적인 발음은 바로 **'연음'** 현상과 관련이 있습니다.

서로 다른 두 개의 소리가 만났을 때, **두 소리가 서로 영향을 받아 발음이 조금씩 바뀌는 것**을 '연음'이라고 합니다. 우리말로 예를 들어 볼게요. '낡았어'라는 말을 소리 내어 말할 때, 아무도 문자 그대로 **[낡았어]**라고 발음하지는 않습니다. 보통은 **[날가써]**라고 발음하지요. 프랑스어에는 이 연음 현상이 특히나 자주 일어납니다.

'낡았어'를 [날가써]라고 발음하는 경우는 **필수적인 연음 현상**이라고 볼 수 있습니다.
그렇게 해야 소리가 끊어지지 않고 자연스럽게 이어지잖아요. 하지만 프랑스어에서는 위처럼 필수적인 경우 외에 선택적인 상황에서도 연음 현상이 나타납니다. 다시 말하자면, 굳이 소리를 이어 발음할 필요가 없더라도 연음을 하는 경우가 많다는 것입니다. 일단 프랑스어의 연음 현상을 예를 통해 살펴보도록 하죠.

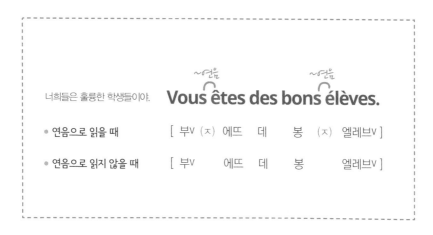

너희들은 훌륭한 학생들이야.

• 연음으로 읽을 때   [부V (ㅈ) 에뜨   데   봉   (ㅈ)   엘레브V]

• 연음으로 읽지 않을 때   [부V   에뜨   데   봉   엘레브V]

프랑스어에서는 원래 단어 끝의 자음은 생략하고 발음합니다.
하지만 단어가 문장 속에서 다른 단어들, 특히나 모음으로 시작하는 단어와 함께 쓰일 경우에는 생략된 자음 (Vous)의 발음이 다시 살아납니다. 그리고 그것을 뒤 단어 맨 앞의 모음(êtes)과 연결하여 발음하는 것입니다.

프랑스어의 연음
Liaison, 연음이란?

프랑스어의 **사용역**

우리말에서 상황과 상대에 따라 적절한 높임법을 사용하는 것처럼, 프랑스어도 상황에 따라 사용하는 화법과 문체가 조금씩 바뀝니다. 그리고 위의 **연음 현상은 격식을 많이 차려야 하는 상황일수록 자주** 나타납니다. 문학 작품이나 공식적인 편지, 공식적인 자리에서 사용하는 프랑스어가 그렇겠지요. 반면 일상적인 대화에서 쓰이는 프랑스어에는 비교적 연음의 사용이 적은 편이고요.

연음을 듬뿍   필수 연음만

격식체 프랑스어   일상적 프랑스어

이 책의 회화 예문에는 일상적인 내용을 담은 대화만 실려 있습니다.
그리고 그에 맞추어, 필수적인 경우에만 연음을 사용하는 것으로 표기했습니다.
이 책에서 표기하지 않은 연음들은 대부분 조금 더 공적이고 딱딱한 대화에서 사용하는 것들입니다.

또한, 프랑스어의 연음을 모두 완벽하게 익혔더라도, 일상 대화에서까지 그것을 모두 발음하지는 않는 것이 좋습니다. 잘난 척을 하는 것으로 보이기 때문입니다.

환경과 대상에 따라서 연음을 사용하는 것이 중요합니다.

사물의 수량이나 순서를 나타내는 말을 '수사'라고 부릅니다.
해당 사물의 어떤 성질을 말해주는 것이니 형용사의 일종이라고도 할 수 있지요.
수사 중에서도 수량을 나타내는, '하나, 둘, 셋' 따위를 **기수사**라고 부릅니다.

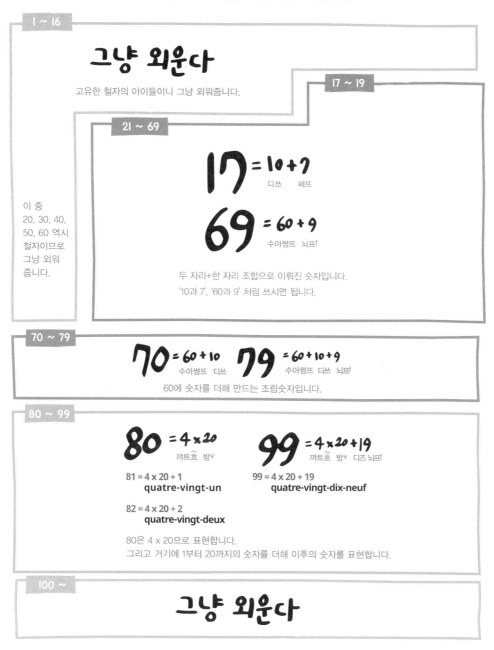

수사의 종류에는 한 가지가 더 있습니다. 순서를 나타내는, '첫째, 둘째, 셋째' 따위는 **서수사**라고 부릅니다.
영어로 치면 'first, second, third'와 같은 표현들입니다.

0	1	2	3	4	5	6	7	8	9
zéro 제호	un 앙	deux 되	trois 트후아	quatre 꺄트흐	cinq 쌍끄	six 씨쓰	sept 쎄뜨	huit 위뜨	neuf 뇌프ᶠ
10 dix 디쓰	11 onze 옹즈	12 douze 두즈	13 treize 트헤즈	14 quatorze 꺄또흐즈	15 quinze 깽즈	16 seize 쎄즈	17 dix-sept 디 쎄뜨	18 dix-huit 디즈 위뜨	19 dix-neuf 디즈 뇌프ᶠ
20 vingt 방ᵛ	21 vingt et un 방ᵛ (ㄸ)에 앙	22 vingt-deux 방ᵛ 되	23 vingt-trois 방ᵛ 트후아	24 vingt-quatre 방ᵛ 꺄트흐	25 vingt-cinq 방ᵛ 쌍끄	26 vingt-six 방ᵛ 씨쓰	27 vingt-sept 방ᵛ 쎄뜨	28 vingt-huit 방ᵛ (ㄸ)위뜨	29 vingt-neuf 방ᵛ 뇌프ᶠ
30 trente 트헝뜨	31 trente et un 트헝 (ㄸ)에 앙	32 trente-deux 트헝뜨 되	33 trente-trois 트헝뜨 트후아	34 trente-quatre 트헝뜨 꺄트흐	35 trente-cinq 트헝뜨 쌍끄	36 trente-six 트헝뜨 씨쓰	37 trente-sept 트헝뜨 쎄뜨	38 trente-huit 트헝 (ㄸ)위뜨	39 trente-neuf 트헝뜨 뇌프ᶠ
40 quarante 꺄헝뜨	41 quarante et un 꺄헝 (ㄸ)에 앙	42 quarante-deux 꺄헝뜨 되	43 quarante-trois 꺄헝뜨 트후아	44 quarante-quatre 꺄헝뜨 꺄트흐	45 quarante-cinq 꺄헝뜨 쌍끄	46 quarante-six 꺄헝뜨 씨쓰	47 quarante-sept 꺄헝뜨 쎄뜨	48 quarante-huit 꺄헝 (ㄸ)위뜨	49 quarante-neuf 꺄헝뜨 뇌프ᶠ
50 cinquante 쌍껑뜨	51 cinquante et un 쌍껑 (ㄸ)에 앙	52 cinquante-deux 쌍껑뜨 되	53 cinquante-trois 쌍껑뜨 트후아	54 cinquante-quatre 쌍껑뜨 꺄트흐	55 cinquante-cinq 쌍껑뜨 쌍끄	56 cinquante-six 쌍껑뜨 씨쓰	57 cinquante-sept 쌍껑뜨 쎄뜨	58 cinquante-huit 쌍껑 (ㄸ)위뜨	59 cinquante-neuf 쌍껑뜨 뇌프ᶠ
60 soixante 수아썽뜨	61 soixante et un 수아썽 (ㄸ)에 앙	62 soixante-deux 수아썽뜨 되	63 soixante-trois 수아썽뜨 트후아	64 soixante-quatre 수아썽뜨 꺄트흐	65 soixante-cinq 수아썽뜨 쌍끄	66 soixante-six 수아썽뜨 씨쓰	67 soixante-sept 수아썽뜨 쎄뜨	68 soixante-huit 수아썽 (ㄸ)위뜨	69 soixante-neuf 수아썽뜨 뇌프ᶠ
70 soixante-dix 수아썽뜨 디쓰	71 soixante et onze 수아썽 (ㄸ)에 옹즈	72 soixante-douze 수아썽뜨 두즈	73 soixante-treize 수아썽뜨 트헤즈	74 soixante-quatorze 수아썽뜨 꺄또흐즈	75 soixante-quinze 수아썽뜨 깽즈	76 soixante-seize 수아썽뜨 쎄즈	77 soixante-dix-sept 수아썽뜨 디 쎄뜨	78 soixante-dix-huit 수아썽뜨 디즈 위뜨	79 soixante-dix-neuf 수아썽뜨 디즈 뇌프ᶠ
80 quatre-vingts 꺄트흐 방ᵛ	81 quatre-vingt-un 꺄트흐 방ᵛ 앙	82 quatre-vingt-deux 꺄트흐 방ᵛ 되	83 quatre-vingt-trois 꺄트흐 방ᵛ 트후아	84 quatre-vingt-quatre 꺄트흐 방ᵛ 꺄트흐	85 quatre-vingt-cinq 꺄트흐 방ᵛ 쌍끄	86 quatre-vingt-six 꺄트흐 방ᵛ 씨쓰	87 quatre-vingt-sept 꺄트흐 방ᵛ 쎄뜨	88 quatre-vingt-huit 꺄트흐 방ᵛ 위뜨	89 quatre-vingt-neuf 꺄트흐 방ᵛ 뇌프ᶠ
90 quatre-vingt-dix 까트흐 방ᵛ 디쓰	91 quatre-vingt-onze 까트흐 방ᵛ 옹즈	92 quatre-vingt-douze 꺄트흐 방ᵛ 두즈	93 quatre-vingt-treize 꺄트흐 방ᵛ 트헤즈	94 quatre-vingt-quatorze 꺄트흐 방ᵛ 꺄또흐즈	95 quatre-vingt-quinze 꺄트흐 방ᵛ 깽즈	96 quatre-vingt-seize 꺄트흐 방ᵛ 쎄즈	97 quatre-vingt-dix-sept 꺄트흐 방ᵛ 디 쎄뜨	98 quatre-vingt-dix-huit 꺄트흐 방ᵛ 디즈 위뜨	99 quatre-vingt-dix-neuf 꺄트흐 방ᵛ 디즈 뇌프ᶠ

100	1,000	10,000	100,000	1,000,000
cent 썽	mille 밀	dix-mille 디 밀	cent-mille 썽 밀	un-million 앙 밀리옹

0 zéroième 제호이엠	**1** premier / première 프흐미에/ 프흐미에흐	**2** deuxième 되지엠	**3** troisième 트후아지엠	**4** quatrième 꺄트히엠	**5** cinquième 쌍끼엠	**6** sixième 씨지엠	**7** septième 쎄띠엠	**8** huitième 위띠엠	**9** neuvième 뇌비ᵛ엠
10 dixième 디지엠	**11** onzième 옹지엠	**12** douzième 두지엠	**13** treizième 트헤지엠	**14** quatorzième 꺄또흐지엠	**15** quinzième 깡지엠	**16** seizième 쎄지엠	**17** dix- septième 디 쎄띠엠	**18** dix- huitième 디즈 위띠엠	**19** dix- neuvième 디즈 뇌비ᵛ엠
20 vingtième 방ᵛ띠엠	**21** vingt et unième 방ᵛ (ㄸ)에 위니엠	**22** vingt- deuxième 방ᵛ뜨 되지엠	**23** vingt- troisième 방ᵛ뜨 트후아지엠	**24** vingt- quatrième 방ᵛ뜨 꺄트히엠	**25** vingt- cinquième 방ᵛ뜨 쌍끼엠	**26** vingt- sixième 방ᵛ뜨 씨지엠	**27** vingt- septième 방ᵛ뜨 쎄띠엠	**28** vingt- huitième 방ᵛ뜨 위띠엠	**29** vingt- neuvième 방ᵛ뜨 뇌비ᵛ엠
30 trentième 트헝띠엠	**31** trente et unième 트헝 (ㄸ)에 위니엠	**32** trente- deuxième 트헝뜨 되지엠	**33** trente- troisième 트헝뜨 트후아지엠	**34** trente- quatrième 트헝뜨 꺄트히엠	**35** trente- cinquième 트헝뜨 쌍끼엠	**36** trente- sixième 트헝뜨 씨지엠	**37** trente- septième 트헝뜨 쎄띠엠	**38** trente- huitième 트헝뜨 위띠엠	**39** trente- neuvième 트헝뜨 뇌비ᵛ엠
40 quarantième 꺄헝띠엠	**41** quarante et unième 꺄헝 (ㄸ)에 위니엠	**42** quarante- deuxième 꺄헝뜨 되지엠	**43** quarante- troisième 꺄헝뜨 트후아지엠	**44** quarante- quatrième 꺄헝뜨 꺄트히엠	**45** quarante- cinquième 꺄헝뜨 쌍끼엠	**46** quarante- sixième 꺄헝뜨 씨지엠	**47** quarante- septième 꺄헝뜨 쎄띠엠	**48** quarante- huitième 꺄헝뜨 위띠엠	**49** quarante- neuvième 꺄헝뜨 뇌비ᵛ엠
50 cinquantième 쌍껑띠엠	**51** cinquante et unième 쌍껑 (ㄸ)에 위니엠	**52** cinquante- deuxième 쌍껑뜨 되지엠	**53** cinquante- troisième 쌍껑뜨 트후아지엠	**54** cinquante- quatrième 쌍껑뜨 꺄트히엠	**55** cinquante- cinquième 쌍껑뜨 쌍끼엠	**56** cinquante- sixième 쌍껑뜨 씨지엠	**57** cinquante- septième 쌍껑뜨 쎄띠엠	**58** cinquante- huitième 쌍껑뜨 위띠엠	**59** cinquante- neuvième 쌍껑뜨 뇌비ᵛ엠
60 soixantième 수아썽띠엠	**61** soixante et unième 수아썽 (ㄸ)에 위니엠	**62** soixante- deuxième 수아썽뜨 되지엠	**63** soixante- troisième 수아썽뜨 트후아지엠	**64** soixante- quatrième 수아썽뜨 꺄트히엠	**65** soixante- cinquième 수아썽뜨 쌍끼엠	**66** soixante- sixième 수아썽뜨 씨지엠	**67** soixante- septième 수아썽뜨 쎄띠엠	**68** soixante- huitième 수아썽뜨 위띠엠	**69** soixante- neuvième 수아썽뜨 뇌비ᵛ엠
70 soixante- dixième 수아썽뜨 디지엠	**71** soixante et onzième 수아썽 (ㄸ)에 옹지엠	**72** soixante- douzième 수아썽뜨 두지엠	**73** soixante- treizième 수아썽뜨 트헤지엠	**74** soixante- quatorzième 수아썽뜨 꺄또흐지엠	**75** soixante- quinzième 수아썽뜨 깡지엠	**76** soixante- seizième 수아썽뜨 쎄지엠	**77** soixante-dix- septième 수아썽뜨 디 쎄띠엠	**78** soixante-dix- huitième 수아썽뜨 디즈 위띠엠	**79** soixante-dix- neuvième 수아썽뜨 디즈 뇌비ᵛ엠
80 quatre- vingtième 꺄트흥 방 띠엠	**81** quatre-vingt- unième 꺄트흥 방 위니엠	**82** quatre-vingt- deuxième 꺄트흥 방 되지엠	**83** quatre-vingt- troisième 꺄트흥 방 트후아지엠	**84** quatre-vingt- quatrième 꺄트흥 방 꺄트히엠	**85** quatre-vingt- cinquième 꺄트흥 방 쌍끼엠	**86** quatre-vingt- sixième 꺄트흥 방 씨지엠	**87** quatre-vingt- septième 꺄트흥 방 쎄띠엠	**88** quatre-vingt- huitième 꺄트흥 방 위띠엠	**89** quatre-vingt- neuvième 꺄트흥 방 뇌비ᵛ엠
90 quatre-vingt- dixième 꺄트흥 방 디지엠	**91** quatre-vingt- onzième 꺄트흥 방 옹지엠	**92** quatre-vingt- douzième 꺄트흥 방 두지엠	**93** quatre-vingt- treizième 꺄트흥 방 트헤지엠	**94** quatre-vingt- quatorzième 꺄트흥 방 꺄또흐지엠	**95** quatre-vingt- quinzième 꺄트흥 방 깡지엠	**96** quatre-vingt- seizième 꺄트흥 방 쎄지엠	**97** quatre-vingt- dix-septième 꺄트흥 방 디 쎄띠엠	**98** quatre-vingt- dix-huitième 꺄트흥 방 디즈 위띠엠	**99** quatre-vingt- dix-neuvième 꺄트흥 방 디즈 뇌비ᵛ엠

100 centième 썽띠엠	**1,000** millième 밀리엠	**10,000** dix-millième 디 밀리엠	**100,000** cent-millième 썽 밀리엠	**1,000,000** millionième 밀리오니엠

001 고맙습니다.

Merci | beaucoup.
메흐씨 | 보꾸.
감사합니다 | 매우.

---

002 천만에요.

Tout | le | plaisir | était | pour | moi.
뚜 | 을르 | 쁠레지흐 | 에떼 | 뿌흐 | 무아.
모든 | 그 | 행복 | ~이었다 | ~에게 | 나

---

003 미안해요.

Je | suis | désolée.
쥬 | 쒸이 | 데졸레.
나 | ~이다 | 미안한.

👤 désolé 👤 désolée

---

004 제 잘못이에요.

C'est | ma faute.
쎄 | 마 포f뜨.
그것은 ~이다 | 나의 잘못.

---

005 날 용서해 줘.

Pardonne- | moi.
빠흐돈 | 무아.
용서해라 | 나.

---

006 괜찮아요.

Ce | n'est | pas | grave.
쓰 | 네 | 빠 | 그하브v.
그것 | [부정] ~이다 | [부정] | 심각한.

---

007 저기요, 실례합니다.

Excusez- | moi.
엑쓰뀌제 | 무아.
용서해라 | 나.

---

008 메뉴판 주세요.

La carte, | s'il vous plaît.
을라 꺄흐뜨, | 씰 부v 쁠레.
그 메뉴, | 부탁합니다.

---

009 부탁합니다.

S'il vous plaît.
씰 부v 쁠레.
부탁합니다.

010

이게 뭐예요?

Qu'est-ce que | c'est?
께쓰끄 | 쎄?
[의문] | 그것은 ~이다?

011

이걸로 주세요.

Ça, | s'il vous plaît.
싸, | 씰 부v 쁠레.
이것, | 부탁합니다.

012

맞아요.

Oui. | C'est | vrai.
위. | 쎄 | 브v헤.
네. | 그것은 ~이다 | 사실.

013

제가 주문한 게 아니에요.

Je | n'ai | pas | commandé | ça.
쥬 | 네 | 빠 | 꼬멍데 | 싸.
나 | [부정] 가지고 있다 | [부정] | 주문했다 | 그것.

014

너무 좋아!

Ah ouais~
아 웨~
아 맞다~

015

우와.

Ouah.
우아.
와.

016

안녕하세요.
Hello.

Bonjour!
봉주흐̃!
좋은 날!

017

안녕하세요.
Good evening.

Bonsoir!
봉쑤아흐̃!
좋은 저녁!

018

어떻게 지내요?

Comment | ça | va?
꼬멍 | 싸 | 바v?
어떻게 | 그것 | 가다?

019

저는 잘 지내요.

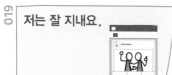

Je | vais | bien.
쥬 | 베v | 비앙.
나 | 가다 | 좋은.

020 너는 어때?

Et	toi?
에	뚜아?
그리고	너?

021 오랜만이야.

Ça	fait	longtemps.
싸	페f	을롱떵.
그것	~하다	오랜 시간.

022 만나서 반갑습니다.

Je	suis	ravie	de	vous	rencontrer.
쥬	쒸이	하비v	드	부v	헝꽁트헤.
나	~이다	매료된	~의	당신(들)	만나다.

023 성함이 어떻게 되세요?

Comment	vous	appelez-	vous?
꼬멍	부v	(ㅈ)아쁠레	부v?
어떻게	당신(들)	부르다	당신(들)?

024 저는 미나입니다.

Je	suis	Mina.		Je	m'appelle	Mina.
쥬	쒸이	미나.	=	쥬	마뻴	미나.
나	~이다	미나.		나	나를 부르다	미나.

025 저는 스무 살이에요.

J'ai	20 ans.
줴	방v (ㄸ)엉.
나는 ~가지고 있다	20살.

026 어디서 오셨어요?

Vous	venez	d'où?
부v	브v네	두?
당신(들)	오다	어디로 부터?

027 한국에서 왔어요.

Je	suis	de	Corée.
쥬	쒸이	드	꼬헤.
나	~이다	~로부터	한국.

028 당신과 이야기 좀 하고 싶어요.

Je	veux	parler	avecvous	vous.
쥬	뵈v	빠흘레	아베v끄	부v.
나	원하다	말하다	~와 함께	당신(들).

029

친구가 되자.

Soyons | **amis.**
쏴용 | 아미.
~이자 | 친구.

030

전화번호 좀
알려 주세요.

Quel | **est** | **votre numéro** | **de** | **téléphone?**
껠 | 에 | 보v트흥 뉘메흥 | 드 | 뗄레퐁f?
어떤 | ~이다 | 당신(들)의 번호 | ~의 | 핸드폰?

031

문자 해.

Envoie-moi | **un** | **texto.**
엉부v아-무아 | 앙 | 떽쓰또.
보내라 | 나에게 | 하나의 문자.

032

연락하면서 지내자!

On | **reste** | **en** | **contact.**
옹 | 헤쓰뜨 | 엉 | 꽁딱뜨.
우리 | 하자 | ~에 | 접촉.

033

정말?

Vraiment?
브v헤멍?
정말?

034

물론이죠.

Oui. | **Bien** | **sûr.**
위. | 비앙 | 쉬흥.
네. | 좋은 | 확신하는.

035

좋은 생각이에요.

C'est | **une bonne idée.**
쎄 | (ㄸ)윈 본 이데.
그것은 ~이다 | 하나의 좋은 생각.

036

알겠어요.
그럴게요.

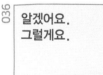

D'accord.
다꼬흥.
~의 동의.

037

나는 그렇게
생각 안 해요.

Je | **ne** | **pense** | **pas.**
쥬 | 느 | 뻥쓰 | 빠.
나 | 부정 | 생각하다 | 부정

038

내게 생각이
있어요.

J'ai | **une idée.**
줴 | 윈 이데.
나는 ~가지고 있다 | 하나의 생각.

039	실망했어요.	

Je suis déçue.
쥬 쒸이 데쒸.
나 ~이다 실망한.

040	매우 좋아.	

Très bien.
트헤 비앙.
매우 좋은.

041	저도 그래요.	

Moi aussi.
무아 오씨.
나 역시.

042	재미있다!	

C'est intéressant.
쎄 (ㄸ)앙떼헤썽.
그것은 ~이다 흥미로운.

043	당신은 정말 재미있어요.	

Vous êtes trop drôle.
부v (ㅈ)에뜨 트호 드홀.
당신(들) ~이다 지나치게 재미있는.

044	당신 정말 친절하시군요!	

Vous êtes très gentille!
부v (ㅈ)에뜨 트헤 정띠!
당신(들) ~이다 매우 친절한!

045	좋은 하루 보내시길.	

Bonne journée.
본 주흐네.
좋은 하루.

046	잘 가!	

Au revoir!
오 호부v아흐!
~까지 다시 만나다!

047	잘 자.	

Bonne nuit.
본 뉘.
좋은 밤.

048 너도.

Toi | aussi.
뚜아 | 오씨.
너 | 또한.

---

049 다음에 만나요.

À | plus | tard.
아 | 쁠뤼 | 따흐.
~에 | 더 | 늦은.

---

050 곧 만나요.

À | tout | à | l'heure.
아 | 뚜 | (ㄸ)아 | 율뢰흐.
~에 | 전부 | ~에 | 그 시간.

---

051 몸 건강해.
(헤어질 때 인사말)

Prends | soin | de | toi.
프헝 | 쑤앙 | 드 | 뚜아.
가져라 | 주의 | ~의 | 너.

---

052 행운을 빌어요!

Bonne | chance!
본 | 셩쓰!
좋은 | 행운!

---

053 기운 내요!
힘을 내!

Courage!
꾸하쥬!
용기!

---

054 서둘러!

Dépêche- | toi!
데뻬슈 | 뚜아!
서둘러라 | 너!

---

055 축하합니다!

Félicitations!
펠f리씨따씨옹!
축하합니다!

---

056 생일 축하해요!

Joyeux | anniversaire.
죠아유 | (ㅈ)아니베v흐쎄흐.
행복한 | 기념일.

---

057 건배!

Santé!
썽떼!
건강!

058

치즈~!
(사진 찍을 때)

Ouistiti!
우이쓰띠띠!
우이스띠띠!

059

이런!
아이고!
어머나!

Oh là là!
울 랄 라!
이런!

060

누구세요?(눈에 보이지 않을 때)

Qui	est-	ce?
끼	에	쓰?
누구	~이다	그?

061

누구세요?

Qui	êtes-	vous?
끼	에뜨	부v?
누구	~입니까	당신(들)?

062

네?(전화 받을 때)
여보세요?

1+1=

Allô?
알로?
여보세요?

063

듣고 있어.

Je	t'écoute.
쥬	떼꾸뜨.
나	너에게 듣다.

064

어디 있었던 거예요?

Vous	étiez	où?
부v	(ㅈ)에띠에	우?
당신(들)	~이었다	어디?

065

나 여기 있어.

Je	suis	ici.
쥬	쒸이	이씨.
나	~이다	여기.

066

들어오세요.

Entrez.
엉트헤.
들어와라.

067 나 바빠.

Je	**suis**	**occupée.**
쥬	쒸이	오뀌뻬.
나	～이다	바쁜.

---

068 바빴어요.

J'étais	**occupée.**
제떼	오뀌뻬.
나는 ～이었다	바쁜.

---

069 한가해요.

Je	**suis**	**libre.**
쥬	쒸이	을리브흐.
나	～이다	자유로운.

---

070 앉으세요.

Asseyez-	**vous.**
아쎄이예	부v.
앉아라	당신(들).

---

071 계속하세요.

Continuez.

꽁띠뉘에.
계속해라.

---

072 잠시 들어봐.

Écoute-	**moi.**
에꾸뜨	무아.
들어라	나.

---

073 도와주시겠어요?

Pouvez-	**vous**	**m'aider?**
뿌베v	부v	메데?
～할 수 있다	당신(들)	나 도와주다?

---

074 질문이 있어요.

J'ai	**une question.**
줴	윈 께쓰띠옹.
나는 ～가지고 있다	하나의 질문.

---

075 내가 해 봐도 돼요?

Je	**peux**	**essayer?**
쥬	뾔	에쎄이에?
나	～할 수 있다	시도하다?

---

076 시도해 볼게요.

Je	**vais**	**essayer.**
쥬	베v	에쎄이에.
나	할 것이다	시도하다.

077 저거 봐!

Regarde | **ça!**
흐갸흐드 | 싸!
봐라 | 그것!

078 마음에 들어요.

Ça | **me** | **plaît.**
싸 | 므 | 쁠레.
그것 | 나를 | 만족하다.

079 그냥 그래.

Comme | **ci** | **comme** | **ça.**
꼼 | 씨 | 꼼 | 싸.
~처럼 | 이것 | ~처럼 | 저것.

080 그게 전부예요?

C'est | **tout?**
쎄 | 뚜?
그것은 ~이다 | 전부?

081 그게 다예요.

C'est | **tout.**
쎄 | 뚜.
그것은 ~이다 | 전부.

082 그거면 충분해요.

Ça | **suffit.**
싸 | 쒸피f.
그것 | 충분한.

083 좀 깎아 주세요.

Faites- | **moi** | **une réduction,** | **s'il vous plaît.**
페f뜨 | 무아 | 윈 헤뒥씨옹, | 씰 부v 쁠레.
~해라 | 나에게 | 하나의 할인, | 부탁합니다.

084 너무 작아요.

C'est | **trop** | **petit.**
쎄 | 트호 | 쁘띠.
그것은 ~이다 | 지나치게 | 작은.

085 그렇지 않아요.

Ce | **n'est** | **pas** | **vrai.**
쓰 | 네 | 빠 | 브v헤.
그것 | 부정 ~이다 | 부정 | 사실.

086 너무 비싸요.

C'est	trop	cher.
쎄	트호	쉐흐.
그것은 ~이다	지나치게	비싼.

087 매우 싸요.

Ça	coûte	très	peu.
싸	꾸뜨	트헤	쁴.
그것	비용이 들다	매우	적은.

088 생각해 볼게.

Je	vais	réfléchir.
쥬	베v	헤플f레시흐.
나	할 것이다	생각하다.

089 괜찮아요.
(거절)

Non,	merci.
농,	메흐씨.
아니요,	감사합니다.

090 잠시만요.

Attendez!
아떵데!
기다려라!

091 왜 안 돼요?

Pourquoi	pas?
뿌흐꾸아	빠?
왜	부정?

092 그게 어디에 있나요?

C'est	où?
쎄	우?
그것은 ~이다	어디?

093 그게 언제인데?

C'est	quand?
쎄	껑?
그것은 ~이다	언제?

094 얼마나 걸립니까?

Ça	prend	combien	de	temps?
싸	프헝	꽁비앙	드	떵?
그것	걸리다	얼마나	~의	시간?

095 기다릴 수 있어요.

Je	peux	attendre.
쥬	쁴	아떵드흐.
나	~할 수 있다	기다리다.

096 너무 기대돼요.

Je	suis	impatiente.
쥬	쒸이	앙빠씨엉(뜨).
나	~이다	참을성 없는.

097 그게 최고의 방법이에요.

C'est	la meilleure	façon.
쎄	을라 메이외흐	파쏭.
그것은 ~이다	그 최고	방법.

098 당신을 위한 거예요.

C'est	pour	vous.
쎄	뿌흐	부v.
그것은 ~이다	~위해	당신(들).

099 그렇게 할게.

Je	le	ferai.
쥬	을르	프f헤.
나	그것	~할 것이다.

100 주문할게요.

Puis-	je	commander,	s'il vous plaît.
쀠이	쥬	꼬멍데,	씰 부v 쁠레.
~할 수 있다	나	주문하다,	부탁합니다.

101 추천해 주실 만하신 게 있나요?

Qu'est-ce que	vous	me	recommandez?
께쓰끄	부v	므	흐꼬멍데?
의문	당신(들)	나에게	추천합니까?

102 글쎄요… 한번 볼까요…

Voyons.
부v아이옹.
보자.

103 뭐든지 좋아요.

Tout	est	bien.
뚜	(ㄸ)에	비앙.
전부	~이다	좋은.

104 상관없어요.

Ça	ne	fait	rien.
싸	느	페f	히앙.
그것	부정	~하다	0개.

105 필요해요.

J'en | **ai** | **besoin.**
정 | (ㄴ)에 | 브주앙.
나는 ~에 | 가지고 있다 | 필요.

106 배고파요.

J'ai | **faim.**
줴 | 팡f.
나는 ~가지고 있다 | 배고픔.

107 나는 배고프지 않아.

Je | **n'ai** | **pas** | **faim.**
쥬 | 네 | 빠 | 팡f.
나 | 부정 가지고 있다 | 부정 | 배고픔.

108 배불러요.

J'ai | **bien** | **mangé.**
줴 | 비앙 | 멍줴.
나는 ~가지고 있다 | 좋은 | 먹었다.

109 목말라요.

J'ai | **soif.**
줴 | 쑤아프f.
나는 ~가지고 있다 | 갈증.

110 최대한 빨리.

Le plus | **tôt** | **possible.**
을르 쁠뤼 | 또 | 뽀씨블르.
그 가장 | 빠른 | 가능한.

111 서둘러서.

Rapidement.
하삐드멍.
빨리.

112 준비됐어요?

Vous | **êtes** | **prêtes?**
부v | (ㅈ)에뜨 | 프헤(뜨)?
당신(들) | ~이다 | 준비된?

113 준비됐어요.

Je | **suis** | **prête.**
쥬 | 쒸이 | 프헤(뜨).
나 | ~이다 | 준비된.

114 아직이에요.

Pas | **encore.**
빠 | (ㅈ)엉꼬흐.
부정 | 아직.

가장 자주 사용되는
프랑스어 필수 표현

115~133

---

115 언제부터 언제까지요?

De	**quand**	**à**	**quand?**
드	껑	아	껑?
~의	언제	~까지	언제?

---

116 맛 좋아?

C'est	**bon?**
쎄	봉?
그것은 ~이다	좋은?

---

117 음식은 어때요?

Tout	**va**	**bien?**
뚜	바v	비앙?
전부	가다	좋은?

---

118 어떤 거?

Lequel?	=	**Laquelle?**
을르껠		을라껠
어느 것? (남성형 단수)		어느 것? (여성형 단수)

---

119 얼마큼? 몇 개?

Combien?
꽁비앙?
얼마나?

---

120 몇 정거장이나 떨어져 있나요?

C'est	**à**	**combien**	**d'arrêts**	**d'ici?**
쎄	(ㄸ)아	꽁비앙	다헤	디씨?
그것은 ~이다	~에	얼마나	그 정류장들	여기서?

---

121 얼마나 자주?

Combien	**de**	**fois?**
꽁비앙	드	푸f아?
얼마나	~의	회들?

---

122 얼마나 빨리? 얼마 동안?

Combien	**de**	**temps?**
꽁비앙	드	떵?
얼마나	~의	시간?

---

123 화장실이 어디예요?

Où	**sont**	**les toilettes?**
우	쏭	을레 뚜알레뜨?
어디에	~이다	그 화장실들?

124 더 주세요.

Plus, | **s'il vous plaît.**
쁠뤼쓰, | 씰 부v 쁠레.
더, | 부탁합니다.

---

125 충분해.

Assez, | **suffisant.**
아쎄, | 쒸피f정.
충분히, | 충분히.

---

126 그건 너무 많아요.

C'est | **beaucoup.**
쎄 | 보꾸.
그것은 ~이다 | 많은.

---

127 맛있다.

C'est | **délicieux.**
쎄 | 델리씨외.
그것은 ~이다 | 맛있는.

---

128 완벽해.

Parfaite.
빠흐̃페f(뜨).
완벽한.

---

129 나쁘지 않아.

Pas | **mal.**
빠 | 말.
부정 | 나쁜.

---

130 제대로 골랐네.

Bon | **choix.**
봉 | 슈아.
좋은 | 선택.

---

131 잘했어.

Bon | **travail.**
봉 | 트하̃바v이.
좋은 | 일.

---

132 문제없어요.

Pas | **de** | **problème.**
빠 | 드 | 프호̃블렘.
부정 | ~의 | 문제.

---

133 깜짝 놀랐어.

Je | **suis** | **surprise.**
쥬 | 쒸이 | 쒸흐프히(즈).
나 | ~이다 | 놀란.

134 너무 짜요.

C'est	trop	salé.
쎄	트호	쌀레.
그것은 ~이다	지나치게	짠.

135 너무 매워요.

C'est	trop	piquant.
쎄	트호	삐껑.
그것은 ~이다	지나치게	매운.

136 너무 달아요.

C'est	trop	sucré.
쎄	트호	쒸크헤.
그것은 ~이다	지나치게	단.

137 너무 더워요.

Il	fait	chaud.
일	페f	쇼.
그	~하다	더운.

138 너무 추워요.

Il	fait	trop	froid.
일	페f	트호	프f후아.
그	~하다	너무	추운.

139 계산서 주세요.

L'addition,	s'il vous plaît.
을라디씨옹,	씰 부v 쁠레.
그 계산서,	부탁합니다.

140 내가 계산할게.

Je	vais	payer.
쥬	베v	뻬이에.
나	할 것이다	계산하다.

141 할 수 있어?

Tu	peux	le	faire?
뛰	쁴	을르	페f흐?
너	~할 수 있다	그것	~하다?

142 나는 할 수 있어요!

Je	peux	le	faire.
쥬	쁴	을르	페f흐.
나	~할 수 있다	그것	하다.

143 지금.

Maintenant.
망뜨넝.
지금.

144 언제든지.

Tout | le temps.
뚜 | 을르 떵.
전부 | 그 시간.

145 곧 (금세).

Bientôt.
비앙또.
곧.

146 아, 안 돼…

Oh non!
오 농!
오 이런!

147 다음번.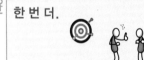

La prochaine | fois.
을라 프호셴느 | 푸f아.
그 다음 | 회.

148 한 번 더.

Encore | une fois.
엉꼬흐 | 윈 푸f아.
다시 | 한 번.

149 해라.

Fais- | le.
페f | 을르.
~해라 | 그것.

150 괜찮아요?

Ça | va?
싸 | 바v?
그것 | 가다?

151 바쁘세요?

Vous | êtes | occupés?
부v | (ㅈ)에뜨 | (ㅈ)오뀌뻬?
당신(들) | ~이다 | 바쁜?

152 도와주세요!

Aidez- | moi!
에데 | 무아!
도와라 | 나!

153 누구?

Qui?
끼?
누구?

---

154 어디예요?

Vous	**êtes**	**où?**
부v	(ㅈ)에뜨	우?
당신(들)	~이다	어디?

---

155 어떻게?

Comment?
꼬멍?
어떻게?

---

156 왜?

Pourquoi?
뿌흐꾸아?
왜?

---

157 어때?

C'est	**comment?**
쎄	꼬멍?
그것은 ~이다	어떻게?

---

158 그래서?

Alors?
알로흥?
그래서?

---

159 무슨 일이 벌어진 거야?

Il	**s'est**	**passé**	**quoi?**
일	쎄	빠쎄	꾸아?
그	그것은 ~이다	지나갔다	무엇?

---

160 무슨 문제 있어요?

Y a-t-il	**un problème?**
이 아 띨	앙 프흐블렘?
~이 있다	하나의 문제?

---

161 나는 몰라요.

Je	**ne**	**sais**	**pas.**
쥬	느	쎄	빠.
나	부정	알다	부정.

162 다시 말씀해 주실래요?

Pardon?	**Pouvez-**	**vous**	**répéter?**
빠흐동?	뿌베v	부v	흐뻬떼?
죄송하다?	~할 수 있다	당신(들)	되풀이하다?

163 저를 거기로 데려다줄 수 있어요?

Vous	**pouvez**	**me**	**conduire**	**là-bas?**
부v	뿌베v	므	꽁뒤이흐	을라 바?
당신(들)	~할 수 있다	나를	안내하다	저기?

164 당신에게 달렸어요.

Ça	**dépend**	**de**	**vous.**
싸	데뻥	드	부v.
그것	달려 있다	~의	당신(들).

165 큰일 났다.

Je	**suis**	**en**	**difficulté.**
쥬	쒸이	엉	디피f뀔떼.
나	~이다	~에	어려움.

166 걱정하지 마.

Ne	**t'inquiète**	**pas.**
느	(ㄸ)앙끼에뜨	빠.
부정	너에게 불안해해라	부정.

167 신경 쓰지 마세요. 별거 아니야.

Ce	**n'est**	**pas**	**grave.**
쓰	네	빠	그하브v.
그것	부정 ~이다	부정	심각한.

168 환불하고 싶어요.

Je	**voudrais**	**être**	**remboursé.**
쥬	부v드헤	에트흐	헝부흐쎄.
나	원하다	이다	돈을 돌려받다.

169 모든 것이 정상이에요.

Tout	**va**	**bien.**
뚜	바v	비앙.
전부	가다	좋은.

170 말이 안 되잖아.

Ça	**n'a**	**pas**	**de**	**sens.**
싸	나	빠	드	썽쓰.
그것	부정 가지고 있다	부정	~의	뜻.

171 잃어버렸어요.

Je	**l'ai**	**perdu.**
쥬	을레	뻬흐뒤.
나	그것은 ~가지고 있다	잃어버렸다.

172 시간 없어요.

Je	n'ai		pas	de temps.
쥬	네		빠	드 떵.
나	부정 가지고 있다		부정	~의 시간.

173 가야겠어요.

Je	dois	y	aller.
쥬	두아	이	알레.
나	~해야 하다	그곳에	가다.

174 가고 싶어.

Je	veux	partir.
쥬	뵈v	빠흐띠흐.
나	원하다	떠나다.

175 가자!

Allons-	y!
알롱	(ㅈ)이!
가라	그곳에!

176 걸어가면 돼요.

Je	peux	marcher.
쥬	쀠	마흐쉐.
나	~할 수 있다	걷다.

177 곧 돌아올게요.

Je	reviens	tout	de	suite
쥬	흐비v앙	뚜	드	쒸이뜨.
나	다시 오다	전부	~의	연속.

178 늦었어요.

Je	suis	en	retard.
쥬	쒸이	엉	흐따흐.
나	~이다	~에	늦음.

179 진심이에요.

Je	suis	sérieux.
쥬	쒸이	쎄히외(즈).
나	~이다	진지한.

180 감동했어요.

Je	suis	très	émue.
쥬	쒸이	트헤	(ㅈ)에뮈.
나	~이다	매우	감동한.

181 동감이에요.

Je | **suis** | **d'accord.**
쥬 | 쒸이 | 다꼬흐.
나 | ~이다 | ~의 동의.

182 네가 그리워.

Tu | **me** | **manques.**
뛰 | 므 | 멍끄.
너 | 나에게 | 부족하다.

183 사랑해.

Je | **t'aime.**
쥬 | 뗌므.
나 | 너를 사랑하다.

184 네가 옳아.

Tu | **as** | **raison.**
뛰 | 아 | 헤종.
너 | 가지고 있다 | 이유.

185 네가 틀렸어.

Tu | **as** | **tort.**
뛰 | 아 | 또흐.
너 | 가지고 있다 | 잘못.

186 지겨워요.

Je | **m'ennuie.**
쥬 | 멍뉘이.
나 | 나 지루하다.

187 아파요.

Je | **suis** | **malade.**
쥬 | 쒸이 | 말라드.
나 | ~이다 | 아픈.

188 무서워.

J'ai | **peur.**
쥬에 | 쁴흐.
나는 ~가지고 있다 | 두려움.

189 피곤해요.

Je | **suis** | **fatiguée.**
쥬 | 쒸이 | 파띠게.
나 | ~이다 | 피곤한.

190 그거 재미있네.

C'est | **drôle.**
쎄 | 드홀.
그것은 ~이다 | 재미있는.

191 이건 무리예요.

C'est | **dur.**
쎄 | 뒤흐.
그것은 ~이다 | 어려운.

---

192 이건 어려워요.

C'est | **difficile.**
쎄 | 디피f씰.
그것은 ~이다 | 어려운.

---

193 그건 중요해요.

C'est | **important.**
쎄 | (ㄸ)앙뽀흐떵.
그것은 ~이다 | 중요한.

---

194 이건 유용해요.

C'est | **utile.**
쎄 | (ㄸ)위띨르.
그것은 ~이다 | 유용한.

---

195 대단했어요.

C'était | **super.**
쎄떼 | 쒸뻬흐.
그것은 ~이었다 | 대단한.

---

196 좋았어요.

C'était | **bien.**
쎄떼 | 비앙.
그것은 ~이었다 | 좋은.

---

197 그만해.

Arrête!
아헤뜨!
멈추어라!

---

198 조심해.

Fais | **attention.**
페f | 아떵씨옹.
~해라 | 주의.

---

199 화가 납니다.

Je | **suis** | **fâchée.**
쥬 | 쒸이 | 파f셰.
나 | ~이다 | 화가 난.

200 화내지 마.

Ne | **sois** | **pas** | **fâchée.**
느 | 쑤아 | 빠 | 파f셰.
부정 | ~이어라 | 부정 | 화난.

201 이해가 안 돼요.

Je | **ne** | **comprends** | **pas.**
쥬 | 느 | 꽁프헝 | 빠.
나 | 부정 | 이해하다 | 부정

202 혹시 모르니까.

Juste | **au** | **cas** | **où.**
쥐쓰뜨 | 오 | 꺄 | 우.
단지 | ~의 | 경우 | 어디.

203 왜 그랬어?

Pourquoi | **tu** | **as** | **fait** | **ça?**
뿌흐꾸아 | 뛰 | 아 | 페f | 싸?
왜 | 너 | 가지고 있다 | ~했다 | 그것?

204 뭘 원하는 거야?

As-tu | **besoin** | **de** | **quelque** | **chose?**
아 뛰 | 브주앙 | 드 | 껠끄 | 쇼즈?
~있다 | 너 | 필요 | ~의 | 어떤 것?

205 내가 해야 해?

Est-ce que | **je** | **dois** | **le** | **faire?**
에쓰끄 | 쥬 | 두아 | 을르 | 페f흐?
의문 | 나 | ~해야 하다 | 그것 | 하다?

206 부탁 하나 해도 될까요?

Est-ce que | **je** | **peux** | **vous** | **demander** | **une faveur?**
에쓰끄 | 쥬 | 쁘 | 부v | 드멍데 | 윈 파f뵈v흐?
의문 | 나 | ~할 수 있다 | 당신(들) | 요구하다 | 하나의 부탁?

207 나 기다리는 중이에요.

J'attends.
쟈떵.
나는 기다리다.

208 저 지금 가고 있어요.

J'arrive.
쟈히브v.
나는 도착하다.

209 노력 중이에요.

Je | **suis** | **en train** | **d' essayer.**
쥬 | 쒸이 | 엉 트항 | 데쎄이에.
나 | ~이다 | ~하는 중 | 노력하다.

01

영어는 am, are, is
프랑스어는?

프랑스어는 세 토막

형용사는 항상 4종 세트

남자는 "꼬헤앙" 여자는 "꼬헤엔느"

똑똑한 남학생, 똑똑한 여학생

Être 동사 부정문

Être 동사 의문문

Je suis Coréen.
나는 한국인입니다.

Let's start

한눈에 배운다!
프랑스어는 세 토막

영어랑 뜩같다

동영상 강의

여러분, 혹시 처음 영어를 배웠던 때를 기억하시나요? 영어의 어순이 '주어 + 동사'로 시작한다는 문법부터 배웠었지요. 우리말과 일본어 외에는, 대부분의 언어가 '주어 + 동사' 어순으로 시작한답니다. 그렇다면 프랑스어도 마찬가지겠지요? 네, 그렇답니다. 꼭 기억하세요! **주어 + 동사**로 시작!

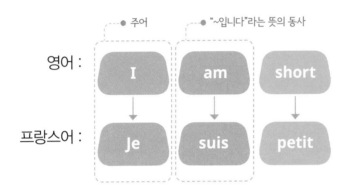

● 주어 ● "~입니다"라는 뜻의 동사

영어 : I am short

프랑스어 : Je suis petit

영어에서 I am... You are... 라고 할 때의 am, are, is를 아시나요? 이들을 합쳐서 Be 동사라고 부릅니다. 그런데 부를 때만 Be 동사라고 하고, 실제로는 주어에 맞춰서 am, are, is를 사용합니다. 다음과 같이 말이죠.

I am~

You are~

She is~

프랑스어의 Être[에트흐]동사는 영어의 **Be 동사**와 같습니다.
Be 동사가 am, are, is로 사용되듯이 Être 동사도 6가지로 변화하죠.

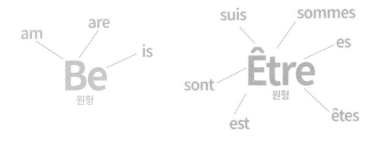

am are is
Be
원형

suis sommes
es
Être
sont 원형
êtes
est

<< 읽어
보세요

프랑스어를 영어와 비교하는 이유가 뭔가요?

영어와 프랑스어는 뿌리가 같기 때문에 비슷한 구조를 가지고 있습니다. 영어와 비교하지 않아도 프랑스어의 구조를 설명할 수는 있지만, 그렇게 되면 설명도 길어지고, 문법 용어도 더 많아질 것입니다. 하지만 걱정하지 마세요. 초등학교 수준 이상의 영어가 설명에 활용되지는 않으니까요.

<< 읽어
보세요

Be 동사란?

세상의 모든 문장은 두 가지 의미로 나뉩니다. '똑같다'는 의미이거나 아니면 '한다'는 의미가 그것입니다. 영어를 기준으로 말하자면 'Be 동사 문장'과 '일반 동사 문장'입니다.

영어문장의 두 가지 종류

❶ Be 동사 문장은 '무엇과 무엇이 똑같다'고 말할 때 사용합니다.

Be 동사
I am tall. (I = tall)

❷ 일반 동사 문장은 그 동사의 내용을 '한다'고 말할 때 사용합니다.

일반 동사
I eat pizza. (eat 한다)

<< 읽어
보세요

Je 와 Tu

Je와 Tu의 발음은 편의상 한글로 '쥬', '뛰'라고 쓰지만, 사실은 서로 매우 비슷합니다. 그도 그럴 것이 '쥬' 라는 발음과 '뛰' 라는 발음의 입모양이 서로 같고, 단지 공기의 세기만이 다릅니다. 따라서 Je와 Tu의 발음 모두 한글로 '쥬'와 '뛰' 사이의 어딘가에 존재합니다. 게다가 Tu를 문장 속에서 편하게 발음하게 되면 더욱더 Je의 발음과 비슷해져서 결국 듣고 구분하는 것은 거의 불가능해집니다.

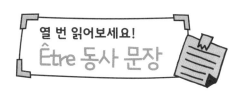

열 번 읽어보세요!
Être 동사 문장

따라 말하기

I am = Je suis [쥬 쒸이]

 남성 여성 성별무관

Je suis ~
[쥬 쒸이]

나는 ~ 입니다

Nous sommes ~
[누 쏨므]

우리는 ~ 입니다

On est ~
[옹 에]

우리는 ~ 입니다

'on'은 'nous'와 같은 뜻인 '우리', 그리고 '일반적인 사람들' 이라는 의미가 있습니다. '우리'로 사용될 때는 'nous' 보다 조금 더 편하고, 격식을 덜 차릴 때 사용해서, 보통 가족이나 친구들과 같이, 친한 사이에서 사용합니다.
on의 특이한 점은 3인칭 단수 취급을 한다는 것입니다.
다시 말해, 진짜 3인칭 단수인 Il이나 Elle처럼 뒤에 'est'가 옵니다.

1인칭

Tu es ~
[뛰 에]

너는 ~ 이다

Vous êtes ~
[부V (ㅈ)에뜨]

당신은 ~ 입니다

Vous êtes ~
[부V (ㅈ)에뜨]

여러분은 ~ 입니다

2인칭

Il est ~
[일 에]

그는 ~ 입니다

Elle est ~
[엘 에]

그녀는 ~ 입니다

Ils sont ~
[일 쏭]

그들은 ~ 입니다

Elles sont ~
[엘 쏭]

그녀들은 ~ 입니다

3인칭

 주어와 동사까지만 연습해요.

 주어를 보고 동사를 말해보세요.

Nous ~ **Je ~**

Il ~

Tu ~

Elles ~ **Ils ~**

Vous ~ **Elle ~**

 동사를 보고 주어를 말해보세요.

~ êtes **~ sont**

~ suis **~ est**

~ es **~ sommes**

Let's start

한눈에 배운다!
형용사는 항상 4종 세트

남성형용사
여성형용사

여기 형용사와 명사가 있습니다.
형용사 '작은'이 명사 '학생'을 꾸며주고 있군요.

형용사
작은

명사
학생

자, 그럼 이번엔 형용사 '작은'에 해당하는 프랑스어를 알아볼까요?
주의하세요. 깜짝 놀랄 수도 있습니다.

petite

petits

petit ——— 작은 ——— petites

똑같은 의미의 형용사가 도대체 왜 네 가지로 나뉘는 것일까요?
그것은 남성과 여성, 그리고 단수와 복수를 표현하기 위해서입니다.
우리 입장에서는 기가 찰 노릇이죠. 하지만 형용사의 변형에는 아주 간단한
규칙이 있습니다. 여성일 경우, 형용사에 e를 붙여서 여성형으로
만들어줍니다. 발음은 e[으]라고 해주면 됩니다.

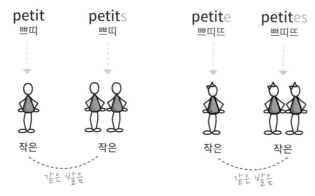

petit
쁘띠

petits
쁘띠

petite
쁘띠뜨

petites
쁘띠뜨

작은   작은   작은   작은

같은 발음   같은 발음

 주어진 형용사를 변화시켜 보세요.

clair [끌레흐] 밝은   poli [뽈리] 예의바른

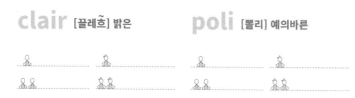

TIP

<< 읽어
보세요   **남녀가 섞여있으면?**

남녀가 섞여 있으면 남성으로 취급합니다.
예를 들어 총 100명으로 구성된 그룹이
있다고 생각해보죠. 그중 여자 99명과
남자 1명이 있다고 하더라도 형용사나 명
사 형태는 남성 복수로 사용합니다. 즉,
여성 복수를 사용하려면 그 그룹에 오로
지 여성만이 있어야 합니다. 이러한 성,
수 구분 때문에 프랑스어는 어려워 보이
기도 합니다. 하지만 단수 복수에 따른 발
음은 똑같다는 점, 그리고 성, 수를 틀리
게 말해도 의사소통에는 별문제가 없다는
점을 생각하면 처음부터 완벽하게 성, 수
를 익히기 위해 스트레스를 받을 필요는
없습니다. 틀려도 된다는 생각으로 즐겁
게 공부하시는 것이 더 좋겠습니다.

· 정답입니다!

clair
clair, claire, clairs, claires
[끌레흐, 끌레흐, 끌레흐, 끌레흐]

poli
poli, polie, polis, polies
[뽈리, 뽈리, 뽈리, 뽈리]

한눈에 배운다!
남자는 "꼬헤앙" 여자는 "꼬헤엔느"

e만
붙이자

직업을 나타내는 영어 단어 중에, 간혹 성별에 따라 단어를 나눠서 쓰는 경우가 있습니다.

waiter
웨이터

waitress
웨이트리스

영어에서는 이런 일이 간혹 일어날 뿐입니다. 하지만, 놀라지 마세요, 프랑스어에서는 거의 모든 직업과 신분을 남성용과 여성용 단어로 나누어서 사용합니다.

Coréen
[꼬헤앙]

Coréenne
[꼬헤엔느]

serveur	[쎄흐뵈v흐]	남자종업원	serveuse	[쎄흐뵈v즈]	여자종업원
employé	[앙쁠롸예]	남자직원	employée	[앙쁠롸예]	여자직원
avocat	[아보v까]	남자변호사	avocate	[아보v까뜨]	여자변호사
Français	[프헝쎄]	프랑스남자	Française	[프헝쎄즈]	프랑스여자
Italien	[이딸리앙]	이탈리아남자	Italienne	[이딸리엔느]	이탈리아여자

이 단어들은 모두 명사이지만 마치 형용사처럼 대부분 여성에 'e'를 붙여 변화합니다.

어떤 신분명사들은 남성과 여성의 형태가 똑같습니다.
마치 영어에서 의사는 남녀를 가리지 않고 Doctor인 것 처럼 말이죠.

professeur	[프호페f쐬흐]	교수
juge	[쥐쥬]	판사
peintre	[뻥트흐]	화가
journaliste	[주흐날리스뜨]	기자
architecte	[아흐시떽뜨]	건축가
médecin	[메드쌍]	의사

 주어진 신분 명사를 변화시켜 보세요.

Français [프f헝쎄] 프랑스인

🧍	🧍
🧍🧍	🧍🧍

Chinois [시누아] 중국인

🧍	🧍
🧍🧍	🧍🧍

Français
Français, Française, Français, Françaises
[프헝쎄, 프헝쎄즈, 프헝쎄, 프헝쎄즈]

Chinois
Chinois, Chinoise, Chinois, Chinoises
[시누아, 시누아즈, 시누아, 시누아즈]

 TIP

<< 더 알아 봅시다 **남성명사, 여성명사**

우리는 지금 직업과 신분을 나타내는 명사에 대해서 배우고 있습니다. 이 명사들은 전체 명사 중에서 일부에 불과하죠.

신분 명사

명사

그렇다면 나머지 명사들은 어떨까요? 나머지 명사들도 모두 남성이나 여성 중 한 가지로 정해져 있습니다. '책은 남성, 집은 여성'하는 식이죠.

• 신분 명사 : 남성형 and 여성형
  (형용사와 비슷)
• 나머지 명사 : 남성형 or 여성형
  (책은 남성, 집은 여성)

모든 명사에 이처럼 성이 있다는 사실을 배우는 이유는, 이에 맞는 형용사를 붙여 줘야 하기 때문입니다. 이에 관해서는 2단원에서 배우도록 하겠습니다.

<< 더 알아 봅시다 **동물의 성**

동물도 종에 따른 성을 가지고 있습니다. 다음과 같이 말이죠.

• 모든 코끼리 : 남성명사 (éléphant)
• 모든 기린 : 여성명사 (girafe)

동물에는 암컷과 수컷이 있습니다. 하지만 대부분의 동물은 이를 구분하지 않습니다. 코끼리는 엄마 코끼리와 아빠 코끼리 모두 남성입니다. 그리고 기린은 엄마 기린과 아빠 기린 모두 여성이죠.
하지만 사자나 강아지와 같이 인간에게 친숙한 몇몇 동물들은 암, 수를 구분해서 말할 수도 있습니다. 다음과 같이 말이죠.

사자	• 성을 모를 때 : le lion
	• 암컷일 때 : la lionne
	• 수컷일 때 : le lion

한눈에 배운다!
똑똑한 남학생, 똑똑한 여학생

e 붙이기
복습

자, 그럼 신분을 나타내는 명사를 형용사와 함께 사용해볼까요?

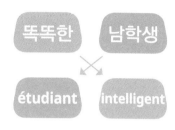

형용사가 명사를 꾸며주는 어순이 우리말과 반대군요.

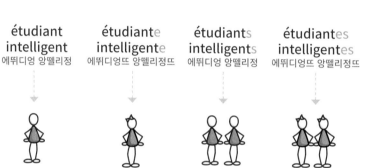

étudiant intelligent	étudiante intelligente	étudiants intelligents	étudiantes intelligentes
에뛰디엉 앙뗄리정	에뛰디엉뜨 앙뗄리정뜨	에뛰디엉 앙뗄리정	에뛰디엉뜨 앙뗄리정뜨
똑똑한 남학생	똑똑한 여학생	똑똑한 남학생들	똑똑한 여학생들

신분을 나타내는 명사가 네 가지 모양이었듯, 형용사도 그에 맞추어 네 가지 모양으로 다르게 써 주어야 합니다. 프랑스어는 명사가 남성인지 여성인지에 따라 형용사의 형태가 달라지기 때문입니다. 명사가 여성일 경우 형용사에 e를 붙여서 여성형으로 만들어 주어야 하는 것이지요. 발음도 e[으]라고 덧붙여 주어야 하고요. 게다가 각각 단수인지 복수인지도 구분해야 합니다.

프랑스어에서 몇몇 단어는 형용사가 명사의 앞에 오기도 합니다.
다음 예시를 함께 봅시다.

형용사
petit
명사
étudiant

TIP

>> 더 알아
봅시다
**형용사는 명사의
성수에 따라 바뀐다**

문장 안에 명사가 여러 개일 때는 어떻게 해야 할까요.

"나는 작습니다."
위에서 '작은'을 의미하는 형용사는 '나'를 꾸미는 것입니다. 때문에 말하는 사람이 남성인지 여성인지에 따라 형용사의 형태를 결정합니다.

"나는 작은 사람입니다."
여기에서 '작은'을 의미하는 형용사는 '사람'을 꾸미고 있습니다. 프랑스어에서 '사람'은 여성 명사이므로, 형용사를 여성형으로 사용합니다.

>> 더 알아
봅시다
**프랑스어에서
명사의 앞에 오는 형용사들**

- grand [그헝]   큰
- petit [쁘띠]   작은
- joli [졸리]   예쁜
- beau [보]   아름다운

- *grand appartement*
  [그헝 (ㄸ)아빠흐뜨멍]
  큰 아파트

- *petit sac*
  [쁘띠 싹]
  작은 가방

- *joli téléphone*
  [졸리 뗄레폰f]
  예쁜 전화기

- *beau garçon*
  [보 가흐쏭]
  잘생긴 소년

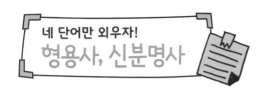

네 단어만 외우자!
형용사, 신분명사

따라 말하기

난 행복해.  *Je suis heureux.*

쥬 쒸이 외회

heureux [외회] 행복한

heureux	외회		heureuse	외회즈
heureux	외회		heureuses	외회즈

beau [보] 멋진, 아름다운

beau	보		belle	벨
beaux	보		belles	벨

fatigué [파f띠게] 피곤한

fatigué	파f띠게		fatiguée	파f띠게
fatigués	파f띠게		fatiguées	파f띠게

étudiant [에뛰디엉] 학생

étudiant	에뛰디엉		étudiante	에뛰디엉뜨
étudiants	에뛰디엉		étudiantes	에뛰디엉뜨

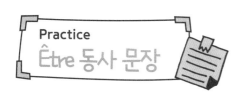

Practice
Être 동사 문장

 빈칸에 형용사를 써넣으세요. 이때 주어의 성, 수에 주의하세요.

1 피곤하다.

(Je) (suis) (fatiguée)

2 잘생겼다.

(Tu) (es) ( )

3 학생이다.

(Elles) (sont) ( )

4 중국인이다.

(Vous) (êtes) ( )

5 프랑스인이다.

(Il) (est) ( )

6 피곤하다.

(Tu) (es) ( )

7 아름답다.

(Tu) (es) ( )

8 예의 바르다.

(Tu) (es) ( )

9 학생이다.

(Ils) (sont) ( )

10 행복하다.

(Vous) (êtes) ( )

11 한국인이다.

(Elles) (sont) ( )

12 행복하다.

(Tu) (es) ( )

·정답입니다!· 1 fatiguée 2 beau 3 étudiantes 4 Chinois 5 Français 6 fatiguée
7 belle 8 poli 9 étudiants 10 heureux 11 Coréennes 12 heureuse

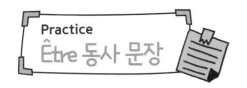

Practice
Être 동사 문장

따라 말하기

 다음 문장을 프랑스어로 적어 보세요.

1 나는 피곤해. *Je suis fatigué*

2 나는 행복해.

3 우리는 한국인입니다.

4 너는 학생이야.

5 당신은 프랑스인입니다.

6 그는 행복해.

7 그들은 학생입니다.

8 나는 피곤해.

9 너는 중국인이야.

10 당신은 아름답습니다.

정답입니다! 1 Je suis fatigué. 2 Je suis heureuse. 3 Nous sommes Coréens. 4 Tu es étudiante. 5 Vous êtes Française. 6 Il est heureux. 7 Ils sont étudiants. 8 Je suis fatiguée. 9 Tu es Chinois. 10 Vous êtes belle.

한눈에 배운다!
Être 동사 부정문

부정문은 '느~빠'

동영상 강의

'**나**는 행복하지 않아'라는 표현을 영어로 한번 말해볼까요?
not을 이용해서 간단하게 만들 수 있습니다.

not

I   am   happy

TIP

더 알아 봅시다 n'(아쁘스트흐프) 사용법

ne 뒤에 **모음이 오는 경우,**
ne를 n'로 줄여서 써야 합니다.

• Tu **ne** es pas petit.
▼
• Tu **n'es** pas petit.
[뛰 네 빠 쁘띠]

영어에서는 am에 not을 붙여주면 간단하게 부정문이 되지요. 프랑스어에서도
이 not에 해당하는 부정표현이 있답니다. **ne와 pas**사이에 동사를
넣어주면 부정문이 됩니다. 간단하죠?

not = ne ～ pas

▶ 나는 키가 작지 않아. [쥬 느 쒸이 **빠** 쁘띠]

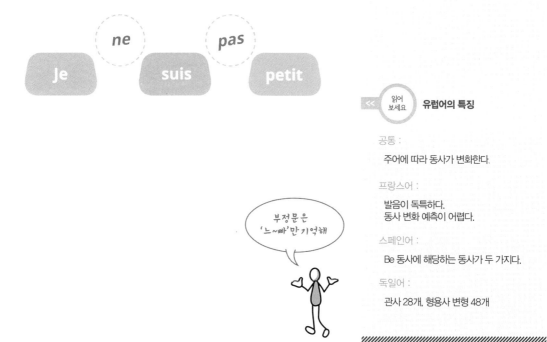

ne   pas

Je   suis   petit

부정문은 '느~빠'만 기억해

읽어 보세요 유럽어의 특징

공통 :
주어에 따라 동사가 변화한다.

프랑스어 :
발음이 독특하다.
동사 변화 예측이 어렵다.

스페인어 :
Be 동사에 해당하는 동사가 두 가지다.

독일어 :
관사 28개, 형용사 변형 48개

따라 말하기

남성 여성 성별무관

I am not = Je ne suis pas [쥬 느 쒸이 빠]

Je ne suis pas ~

[쥬 느 쒸이 빠]

나는 ~ 아닙니다

Nous ne sommes pas ~

[누 느 쏨므 빠]

우리는 ~ 아닙니다

On n'est pas ~

[옹 네 빠]

우리는 ~ 아닙니다

1인칭

Tu n'es pas ~

[뛰 네 빠]

너는 ~ 아니다

Vous n'êtes pas ~

[부V 네뜨 빠]

당신은 ~ 아닙니다

Vous n'êtes pas ~

[부V 네뜨 빠]

여러분은 ~ 아닙니다

2인칭

Il n'est pas ~

[일 네 빠]

그는 ~ 아닙니다

Ils ne sont pas ~

[일 느 쏭 빠]

그들은 ~ 아닙니다

Elle n'est pas ~

[엘 네 빠]

그녀는 ~ 아닙니다

Elles ne sont pas ~

[엘 느 쏭 빠]

그녀들은 ~ 아닙니다

3인칭

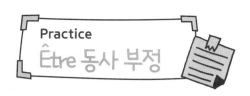

Practice
Être 동사 부정

따라 말하기

 부정문의 주어와 동사까지만 연습해요.

01
나는 ~ 아닙니다

02
우리는 ~ 아닙니다

03
너는 ~ 아니다

04
당신들은 ~ 아닙니다

05
그는 ~ 아닙니다

06
그들은 ~ 아닙니다

07
그녀는 ~ 아닙니다

08
그녀들은 ~ 아닙니다

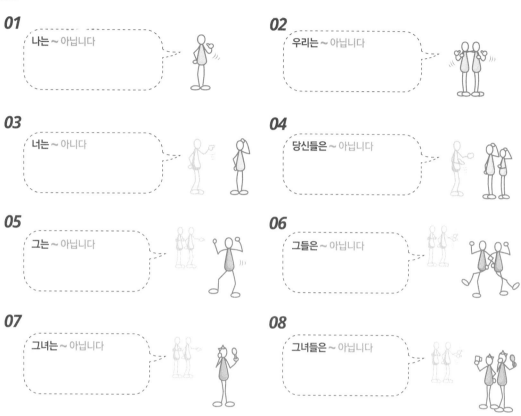

 부정문의 주어와 동사까지만 해석해 보세요.

1. Je ne suis pas ~ ....

2. Nous ne sommes pas ~ ....

3. Vous n'êtes pas ~ ....

4. Elles ne sont pas ~ ....

5. Il n'est pas ~ ....

6. Elle n'est pas ~ ....

7. Tu n'es pas ~ ....

8. Ils ne sont pas ~ ....

9. Vous n'êtes pas ~ ....

10. Il n'est pas ~ ....

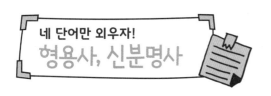

따라 말하기

그녀들은 젊지 않아.

Elles ne sont pas jeunes.
엘   느   쏭   빠   쥔느.

jeune [쥔느] 어린, 젊은

jeune	쥔느	jeune 쥔느
jeunes	쥔느	jeunes 쥔느

marié [마히에] 결혼한

marié	마히에	mariée 마히에
mariés	마히에	mariées 마히에

sympa [쌍빠] 상냥한, 좋은, 멋진

sympa	쌍빠	sympa 쌍빠
sympas	쌍빠	sympas 쌍빠

étranger [에트헝제] 이방인, 외국인

étranger	에트헝제	étrangère 에트헝제흐
étrangers	에트헝제	étrangères 에트헝제흐

 문장의 뜻에 맞추어 빈칸을 채워 보세요.

1 🕺 어리지 않아.

(Je) ( ) (suis) ( ) (jeune)

2 🕺🕺 결혼하지 않았어.

(Elles) ( ) (sont) ( )

3 🕺🕺 이방인이 아니야.

(Nous) ( ) (sommes) ( )

4 🕺 상냥하지 않아.

(Tu) ( ) (es) ( )

5 🕺 학생이 아니야.

(Je) ( ) (suis) ( )

6 🕺🕺 어리지 않습니다.

(Vous) ( ) (êtes) ( )

7 🕺 결혼하지 않았어.

(Je) ( ) (suis) ( )

· 정답입니다! ·

1 Je ne suis pas jeune.
2 Elles ne sont pas mariées.
3 Nous ne sommes pas étrangers.
4 Tu n'es pas sympa.
5 Je ne suis pas étudiante.
6 Vous n'êtes pas jeunes.
7 Je ne suis pas marié.

Practice
Être 동사 부정문

 다음 부정문을 프랑스어로 적어 보세요.

1   나는 상냥하지 않아.   Je ne suis pas sympa.

2   나는 결혼하지 않았어.

3   우리는 어리지 않아.

4   너는 외국인이 아니야.

5   나는 중국인이 아니야.

6   그는 결혼하지 않았어.

7   나는 학생이 아니야.

8   너는 피곤하지 않아.

9   그녀들은 어리지 않아.

10   당신은 상냥하지 않습니다.

정답입니다!   1 Je ne suis pas sympa. 2 Je ne suis pas mariée. 3 Nous ne sommes pas jeunes.
4 Tu n'es pas étranger. 5 Je ne suis pas Chinoise. 6 Il n'est pas marié.
7 Je ne suis pas étudiante. 8 Tu n'es pas fatigué. 9 Elles ne sont pas jeunes.
10 Vous n'êtes pas sympa.

한눈에 배운다!
Être 동사 의문문

동영상 강의

방법 1   '?'를 붙이기.

참 신기한 일입니다. 전 세계 모든 언어가 말꼬리만 올리면 의문문이 되지요.
물론 구어체에 한한 이야기이지만요.

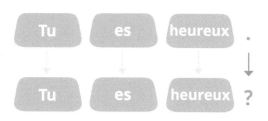

프랑스어에서도 이러한 형식의 의문문이 구어체에서 흔히 쓰인답니다.
참 좋은 소식이지요?

방법 2   'Est-ce que'를 붙이기.

두 번째 방법은 문장 맨 앞에 Est-ce que[에스끄]를 붙여주는 것입니다.
역시 간단하죠? 상대방에게 질문할 거라는 걸 미리 알리기에도 좋겠죠?

방법 3   주어와 동사 위치 바꾸기.

이 방법은 영어의 의문문 만들기와 똑같습니다. 영어와 다른 점이 있다면,
바뀐 주어와 동사를 '-'로 연결한다는 점이에요. 위치가 서로 바뀌었다는
표시예요. 참 친절하죠?

TIP

<< 더 알아
봅시다   **가장 흔한 의문문의 형태는?**

친한 사람들과의 대화에서는 "[방법1] 말
꼬리만 올리는 의문문"이 70% 비중을 차
지하고, "[방법2] Est-ce que"가 나머지
비중을 차지합니다.

행인에게 길을 묻는다거나, 안내 센터 같
은 곳에서 정중하게 정보를 물을 때는
'Est-ce que' 방법을 사용합니다.

<< 읽어
보세요   **que+il= qu'il**

앞에서 본 n'와 같이 que도 줄여쓸 수 있
습니다.

   que il → qu'il
   que elle → qu'elle
   que est → qu'est

친한 사람끼리는
'?'만 붙이면 오케이~!

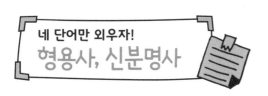

네 단어만 외우자!
형용사, 신분명사

따라 말하기

그들은 바쁘니?

Est-ce qu'ils sont occupés?

에스낄   쏭   오뀌뻬

occupé [오뀌뻬] 바쁜

	occupé	오뀌뻬		occupée	오뀌뻬
	occupés	오뀌뻬		occupées	오뀌뻬

mauvais [모베V] 나쁜, 못된

	mauvais	모베V		mauvaise	모베V즈
	mauvais	모베V		mauvaises	모베V즈

grand [그헝] 큰, 긴

	grand	그헝		grande	그헝드
	grands	그헝		grandes	그헝드

sportif [스뽀흐띠프f] 운동에 관한, 운동을 좋아하는

	sportif	스뽀흐띠프f		sportive	쓰뽀흐띠브V
	sportifs	스뽀흐띠프f		sportives	쓰뽀흐띠브V

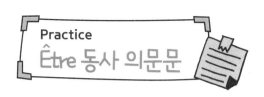

Practice
Être 동사 의문문

 빈칸을 채워 문장을 완성해 보세요. 주어의 성, 수에 주의하세요.

1 바쁘니?

( ) **tu** **es** **occupée** ?

2 잘생겼니?

( ) il est ( ) ?

3 운동을 좋아하니?

( ) tu es ( ) ?

4 크니?

( ) elles sont ( ) ?

5 못됐니?

( ) je suis ( ) ?

6 결혼했니?

( ) tu es ( ) ?

7 외국인입니까?

( ) vous êtes ( ) ?

· 정답입니다! ·
1 Est-ce que tu es occupée?
2 Est-ce qu'il est beau?
3 Est-ce que tu es sportive?
4 Est-ce qu'elles sont grandes?
5 Est-ce que je suis mauvais?
6 Est-ce que tu es mariée?
7 Est-ce que vous êtes étrangers?

Practice
Être 동사 의문문

따라 말하기

주어와 동사의 <u>위치</u>를 바꾸어 의문문을 만들고, 주어의 성, 수에 맞게 빈칸을 채워 보세요.

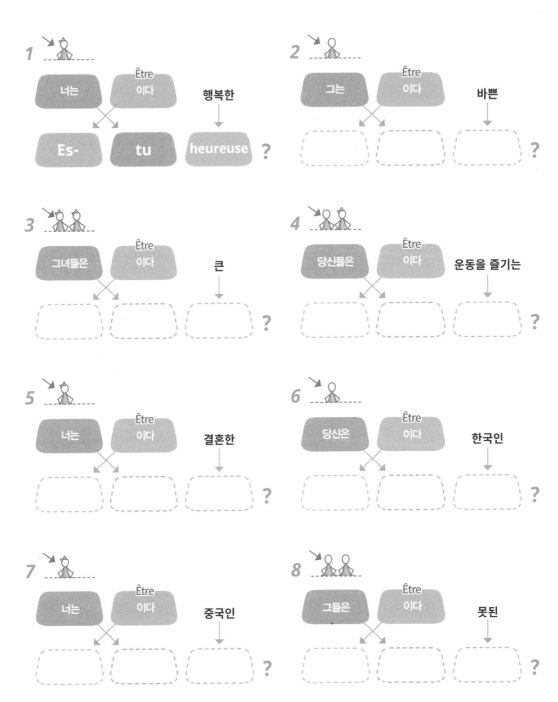

1 너는 / Être 이다 / 행복한 → Es- tu heureuse ?

2 그는 / Être 이다 / 바쁜 → ?

3 그녀들은 / Être 이다 / 큰 → ?

4 당신들은 / Être 이다 / 운동을 즐기는 → ?

5 너는 / Être 이다 / 결혼한 → ?

6 당신은 / Être 이다 / 한국인 → ?

7 너는 / Être 이다 / 중국인 → ?

8 그들은 / Être 이다 / 못된 → ?

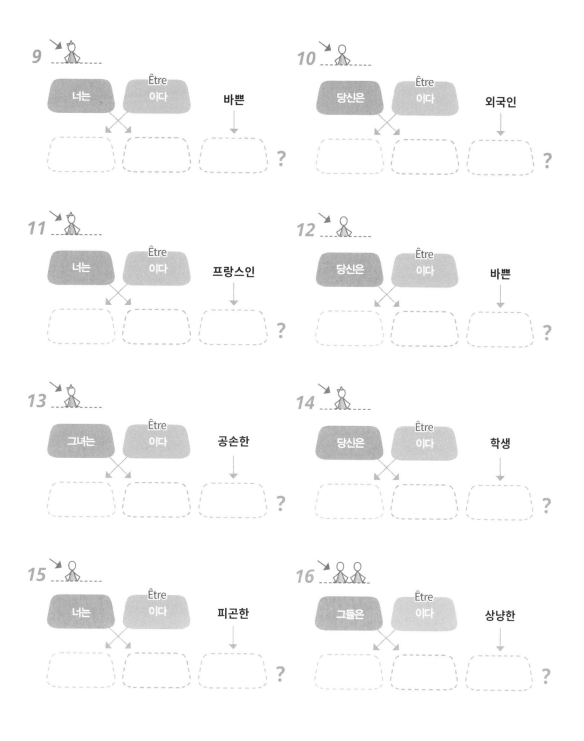

9 너는 | Être 이다 | 바쁜 | ?

10 당신은 | Être 이다 | 외국인 | ?

11 너는 | Être 이다 | 프랑스인 | ?

12 당신은 | Être 이다 | 바쁜 | ?

13 그녀는 | Être 이다 | 공손한 | ?

14 당신은 | Être 이다 | 학생 | ?

15 너는 | Être 이다 | 피곤한 | ?

16 그들은 | Être 이다 | 상냥한 | ?

정답입니다! 1 Es-tu heureuse? 2 Est-il occupé? 3 Sont-elles grandes? 4 Êtes-vous sportifs?
5 Es-tu mariée? 6 Êtes-vous Coréen? 7 Es-tu Chinoise? 8 Sont-ils mauvais? 9 Es-tu occupée?
10 Êtes-vous étranger? 11 Es-tu Française? 12 Êtes-vous occupé? 13 Est-elle polie?
14 Êtes-vous étudiante? 15 Es-tu fatigué? 16 Sont-ils sympas?

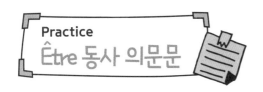

Practice
Être 동사 의문문

따라 말하기

 Est-ce que를 붙여 의문문을 만들어 보세요.

1   그는 못됐니?   **Est-ce qu'il est mauvais?** ✎
----

2   그녀는 결혼했니?
----

3   당신들은 바쁜가요?
----

4   너는 외국인이니?
----

5   당신은 스포츠를 좋아합니까?
----

6   그는 크니?
----

7   그들은 학생이니?
----

8   당신들은 한국인인가요?
----

9   그녀들은 외국인이니?
----

10   그녀는 못됐니?

정답입니다! ❶ Est-ce qu'il est mauvais? ❷ Est-ce qu'elle est mariée? ❸ Est-ce que vous êtes occupés?
❹ Est-ce que tu es étranger? ❺ Est-ce que vous êtes sportif? ❻ Est-ce qu'il est grand?
❼ Est-ce qu'ils sont étudiants? ❽ Est-ce que vous êtes Coréens?
❾ Est-ce qu'elles sont étrangères? ❿ Est-ce qu'elle est mauvaise?

Practice
Être 동사 의문문

따라 말하기

 주어와 동사의 위치를 바꾸어 의문문을 만들어 보세요.

1 너는 상냥하니?　　Es-tu sympa? ✎
_____

2 그녀는 프랑스인이니?
_____

3 당신들은 운동을 좋아하나요?
_____

4 너는 중국인이니?
_____

5 너는 바쁘니?
_____

6 당신은 한국인입니까?
_____

7 그들은 외국인이니?
_____

8 당신들은 피곤한가요?
_____

9 그녀들은 상냥하니?
_____

10 그녀는 바쁘니?
_____

•정답입니다!• ① Es-tu sympa? ② Est-elle Française? ③ Êtes-vous sportifs? ④ Es-tu Chinoise? ⑤ Es-tu occupée?
⑥ Êtes-vous Coréen? ⑦ Sont-ils étrangers? ⑧ Êtes-vous fatigués? ⑨ Sont-elles sympas?
⑩ Est-elle occupée?

1 안녕하세요, 어떻게 지내세요?

AMÉLIE

Bonjour Cédric.
봉주흐 / 쎄드힉.
안녕하세요 / 세드릭 [남성이름].

CÉDRIC

Bonjour Amélie.
봉주흐 / 아멜리.
안녕하세요 / 아멜리 [여성이름].

Comment allez-vous?
꼬멍 / (ㄸ)알레 / 부ᵛ?
어떻게 / 가다 / 당신?

AMÉLIE

Je vais très bien, merci.
쥬 / 베ᵛ / 트헤 비앙, 메흐씨.
저는 / 가다 / 매우 잘, 감사합니다.

Et vous? Comment allez-vous?
에 / 부ᵛ? 꼬멍 / (ㄸ)알레 / 부ᵛ?
그리고 / 당신은? 어떻게 / 가다 / 당신?

CÉDRIC

Moi aussi je vais très bien, merci.
무아 오씨 / 쥬 / 베ᵛ / 트헤 비앙, 메흐씨.
저 또한 / 저는 / 가다 / 매우 잘, 감사합니다.

A : 안녕하세요, 세드릭 씨.
C : 안녕하세요, 아멜리 씨.
　　어떻게 지내세요?
A : 저는 매우 잘 지내고 있습니다, 감사합니다.
　　당신은요? 어떻게 지내세요?
C : 저도 매우 잘 지내고 있습니다, 감사합니다.

Comment allez-vous ?
'안녕하세요? (How are you?)'라고 서로 안부를 물을 때는 '가다'를 의미하는 동사 'aller'를 사용합니다. 프랑스어에는 '연음'이라는 것이 있습니다. 앞에 있는 단어의 마지막 글자가 자음이고 다음에 오는 단어의 첫 글자가 모음이면 나타나는 현상입니다. 'Comment allez-vous?'도, 이 '연음 현상' 때문에 '꼬멍 알레 부ᵛ?'가 아닌 '꼬멍 딸레 부ᵛ?'라고 발음하는 것이지요. 연음도 법칙이 있지만 전부 설명하기에는 너무 복잡합니다. 일단, 연음은 괄호 사이에 연음으로 소리 나는 발음을 넣어 표시하겠습니다.

Et vous?
'당신은 어떠신가요? (And you?)'라고 되물을 때는 '그리고, 그런 반면에'라는 뜻을 가진 접속사 'et' 뒤에 강세형 인칭대명사를 붙여 말합니다.

Moi aussi
'저도 ~합니다 (Me too)'라고 말할 때는, 강세형 인칭대명사 뒤에 '역시, 또한'이라는 뜻을 가진 부사 'aussi'를 붙여 말합니다.

강세형 인칭대명사
moi, toi, lui, elle, nous, vous, eux, elles
(무아, 뚜아, 을뤼이, 엘, 누, 부ᵛ, 외, 엘)

강세형 인칭대명사는 5단원에서 배우게 됩니다. 너무 걱정하지 마세요.

Vous allez bien?
부ᵛ (ㅈ)알레 비앙
잘 지내세요?

② 안녕, 잘 지내니?

Bonsoir Charles!
MARIE
봉수아흐 / 샤흘르!
안녕 / 샤를 남성이름!

Bonsoir Marie!
CHARLES
봉수아흐 / 마히!
안녕 / 마리 여성이름!

Comment vas-tu?
MARIE
꼬멍 / 바V / 뛰?
어떻게 / 가다 / 너는?

Ça va très bien, merci. Et toi?
CHARLES
싸 / 바V / 트헤 비앙, 메흐씨. 에 / 뚜아?
나는 / 가다 / 매우 잘, 고맙다. 그리고 / 너?

Ça va bien, merci.
MARIE
싸 / 바V / 비앙, 메흐씨.
나는 / 가다 / 잘, 고맙다.

M : 안녕 샤를!
C : 안녕 마리!
M : 어떻게 지내니?
C : 매우 잘 지내고 있지, 고마워. 너는 어때?
M : 나도 잘 지내고 있어, 고마워.

◀ **Bonjour! Bonsoir!**
해가 떠있을 때에는 'Bonjour (좋은 하루)'라고
인사하고, 해가 지고 난 뒤에는 'Bonsoir (좋은
저녁)'이라고 인사합니다.

◀ **Comment vas-tu?**
앞에서 배운
'Comment allez-vous?'의 반말 표현입니다.

◀ **Et toi?**
앞에서 배운 'Et vous?'의 반말 표현입니다.

◀ **Ça va bien**
친한 사이에서 '나는 잘 지낸다'라고 말할 때는,
'나는'을 뜻하는 인칭대명사로 'je' 대신 'ça'를 사
용할 수 있습니다. 'ça'를 사용할 때 동사는 단수
3인칭으로 변형시킵니다.

Comment ça va?
꼬멍 싸 바V
어떻게 지내?

Je suis États-Unien.
쥬 쒸이 에따 (ㅈ)위니앙
저는 미국인입니다.

③ 아뇨, 저는 이탈리아 사람입니다.

PIERRE
Bonjour, je suis Pierre. Et vous?
봉주흐, 쥬 쒸이 / 삐에흐. 에 / 부v?
안녕하세요, 저는 ~입니다 / 피에르 남성이름. 그리고 / 당신?

CATHERINE
Bonjour, je suis Catherine.
봉주흐, 쥬 쒸이 / 꺄뜨힌느.
안녕하세요, 저는 ~입니다 / 캐서린 여성이름.

PIERRE
Vous êtes Française?
부v (ㅈ)에뜨 / 프f헝쎄즈?
당신은 ~입니다 / 프랑스인?

CATHERINE
Non, je suis Italienne.
농, 쥬 쒸이 / 이딸리엔느.
아니요, 저는 ~입니다 / 이탈리아인.

Et vous?
에 / 부v?
그리고 / 당신?

Est-ce que vous êtes Français?
에스끄 / 부v (ㅈ)에뜨 / 프f헝쎄?
의문 / 당신은 ~입니다 / 프랑스인?

PIERRE
Oui, je suis Français.
위, 쥬 쒸이 / 프f헝쎄.
네, 저는 ~입니다 / 프랑스인.

Vous êtes étudiante?
부v (ㅈ)에뜨 / 에뛰디엉뜨?
당신은 ~입니다 / 학생?

P : 안녕하세요, 제 이름은 피에르입니다. 당신은요?
C : 안녕하세요, 제 이름은 캐서린입니다.
P : 프랑스 분이신가요?
C : 아니요, 이탈리아인입니다.
　　당신은요?
　　프랑스인이신가요?
P : 네, 저는 프랑스인입니다.
　　학생이세요?

◀ 하루 중 시각에 따른 인사

Bonne journée. [본 주흐네]
: '좋은 하루'
오전에 헤어질 때의 인사

Bon après-midi. [보 (ㄴ)아프헤 미디]
: '좋은 오후'
오후에 헤어질 때의 인사

Bonne fin de journée. [본 팡f 드 주흐네]
: '좋은 하루의 끝'
오후 5시 정도에 헤어질 때의 인사

Bonne soirée. [본 수아헤]
: '좋은 저녁'
해가 떨어진 이후 헤어질 때의 인사

Oui, je suis étudiante. Et vous?
위, 쥬 쒸이 / 에뛰디엉뜨. 에 / 부v?
네, 저는 ~입니다 / 학생. 그리고 / 당신?

Je suis musicien.
쥬 쒸이 / 뮤지씨앙.
저는 ~입니다 / 음악가.

Je suis ravi de vous rencontrer.
쥬 쒸이 / 하비v / 드 / 부v / 헝꽁트헤.
저는 ~입니다 / 매우 기쁜 / ~해서 / 당신을 / 만나다.

Je suis ravie moi aussi.
쥬 쒸이 / 하비v / 무아 오씨.
저는 ~입니다 / 매우 기쁜 / 저 또한.

C : 네, 저는 학생입니다. 당신은요?
P : 저는 음악가입니다.
　　만나서 반갑습니다.
C : 저도 만나서 반갑습니다.

◀ Je suis ravi de vous rencontrer.
　Je suis enchanté de vous rencontrer.
'만나서 반갑다 (Nice to meet you)'라고 말할 때는 형용사 'ravi'나 'enchanté [엉셩떼] (몹시 기쁘다)'를 사용합니다. 'ravi'는 형용사이기 때문에, 옆의 다이얼로그에서 여성인 캐서린이 말할 때에는 ravi 끝에 '-e'가 붙습니다. 형용사를 여성형으로 만들어주는 것이지요.

④ 그녀는 내 거야.

Il est comment ton cours de coréen?
일 에 / 꼬멍 / 똥 꾸흐 / 드 / 꼬헤앙?
그것은 ~이다 / 어떤 / 너의 수업 / ~의 / 한국어?

Il est très bien.
일 에 / 트헤 비앙.
그것은 ~이다 / 매우 좋은.

Ma prof est très compétente.
마 프흐f / 에 / 트헤 꽁뻬떵뜨.
나의 선생님은 / ~이다 / 매우 능력 있는.

◀ prof
구어에서 사용하는 professeur [프흐페f쐬흐]의 약자로, 교수님이나 선생님을 지칭합니다.

S : 네 한국어 수업은 어때?
D : 좋아.
　　내 선생님이 아주 잘 가르쳐주셔.

Mais le coréen est très difficile.
DANIEL
메 / 을르 꼬헤앙 / 에 / 트헤 디피f씰.
하지만 / 정관사 한국어는 / ~이다 / 매우 어려운.

 Elle est belle ta prof de coréen?
SEBASTIAN
엘 에 / 벨 / 따 프흐프f / 드 / 꼬헤앙?
그녀는 ~이다 / 예쁜 / 너의 선생님 / ~의 / 한국어?

 Oui, elle est très belle.
DANIEL
위, 엘 에 / 트헤 벨.
응, 그녀는 ~이다 / 매우 예쁜.

 Elle est comment?
SEBASTIAN
엘 에 / 꼬멍?
그녀는 ~이다 / 어떤?

 Elle ressemble à une actrice coréenne.
DANIEL
엘 흐썽블 / 아 / 윈 악트히쓰 / 꼬헤엔느.
그녀는 닮았다 / ~를 / 부정관사 한 배우 / 한국인.

 Tu me la présentes?
SEBASTIAN
뛰 / 므 / 올라 / 프헤정뜨?
너는 / 나에게 / 그녀를 / 소개하다?

 Non, elle est à moi.
DANIEL
농, 엘 에 / (ㄸ)아 무아.
아니, 그녀는 ~이다 / 내 것.

 Ok, bonne chance.
SEBASTIAN
오께, 본 셩쓰.
알겠어, 행운을 빌어.

D : 하지만 한국어는 정말 어려워.
S : 네 한국어 선생님 예쁘셔?
D : 응, 매우 예쁘셔.
S : 어떻게 생기셨어?
D : 한국 배우를 닮으셨어.
S : 나 소개해 줄래?
D : 아니, 그녀는 내 거야.
S : 그래, 행운을 빌어.

 TIP

◀ **le coréen**
'le'는 '그'를 뜻하는 관사로 영어로는 'the'에 해당합니다.

◀ **Elle est très belle.**
'예쁘다'라는 뜻을 가진 belle는 불규칙 형용사입니다. 보통 형용사는 여성형을 만들 때 끝에 '-e'를 붙이면 되지만 belle는 아닙니다.

남성 : beau [보]
남성 복수 : beaux [보]
여성 : belle [벨]
여성 복수 : belles [벨]

Bonne chance!
본 셩쓰
행운을 빌어!

5 행복하세요?

PABLO
Est-ce que vous êtes mariée?
에스끄 / 부V (ㅈ)에뜨 / 마ĥ에?
[의문] / 당신은 ~입니다 / 결혼한?

AVA
Non, je ne suis pas mariée.
농, 쥬 / 느 / 쒸이 / 빠 / 마ĥ에.
아뇨, 저는 [부정] / ~입니다 [부정] / 결혼한.

Vous êtes marié?
부V (ㅈ)에뜨 / 마ĥ에?
당신은 ~입니다 / 결혼한?

PABLO
Oui, je suis marié depuis 5 ans.
위, 쥬 쒸이 / 마ĥ에 / 드쀠이 / 쌍 (ㄲ)엉.
네, 저는 ~입니다 / 결혼한 / ~동안 / 5년.

C'est l'anniversaire de
쎄 / 을라니베V흐쎄흐 / 드
그것은 ~입니다 / 기념일 / ~의

notre mariage dans quelques jours.
노트흐 마ĥ아주 / 덩 / 껠끄 주흐.
우리의 결혼 / ~ 후에 / 며칠.

P : 결혼하셨어요?
A : 아니요, 결혼하지 않았어요.
    당신은 결혼했나요?
P : 네, 저는 결혼한 지 5년 됐습니다.
    며칠 뒤가 결혼기념일입니다.

TIP

◀ **Non, je ne suis pas mariée.**
부정문을 만들 땐,'ne~pas'를 함께 사용합니다.

◀ **anniversaire**
'기념일'이라는 뜻의 anniversaire [아니베V흐쎄흐]는 '생일'이라는 뜻도 가지고 있습니다.

**C'est l'anniversaire de
ma mère dans quelques jours.**
[쎄 을라니베V흐쎄흐 드 마 메흐 덩 껠끄 주흐]
: 며칠 뒤가 내 어머니의 생신이다.

Veux-tu m'épouser?
뵈V 뛰 메뿌제
나와 결혼해줄래?

Je suis contente pour vous.
쥬 쒸이 / 꽁떵뜨 / 뿌흐 / 부V.
저는 ~입니다 / 기쁜 / ~을 위해 / 당신.

Vous êtes heureux?
부V (ㅈ)에뜨 / 외회?
당신은 ~입니다 / 행복한?

Oui, je suis heureux.
위, 쥬 쒸이 / (ㅈ)외회.
네, 저는 ~입니다 / 행복한.

A : 제가 다 기분이 좋네요.
　　행복하세요?
P : 네, 행복합니다.

6 내가 누굴까요?

Tu veux jouer au "Qui suis-je"?
뛰 뵈V / 주에 / 오 "끼 쒸이 쥬"?
너는 원하다 / 하는 것 / "내가 누굴까요"?

C'est quoi le "Qui suis-je"?
쎄 / 꾸아 / 을르 "끼 쒸이 쥬"?
그것은 ~이다 / 무엇 / 정관사 "내가 누굴까요"?

C'est un jeu de devinette.
쎄 / (ㄸ)앙 죄 / 드 / 드비V네뜨
그것은 ~이다 / 부정관사 놀이 / ~의 / 수수께끼.

J'aime les devinettes.
젬므 / 을레 드비V네뜨.
나는 좋아하다 / 정관사 수수께끼들.

D : "내가 누굴까요" 놀이 할래?
S : "내가 누굴까요" 놀이가 뭐야?
D : 수수께끼 놀이야.
S : 나 수수께끼 좋아해.

Qui suis-je?
끼 쒸이 쥬
나는 누구인가?

devinette
프랑스 아이들은 수수께끼를 좋아합니다. 얼마나 좋아하는지 어린이용 수수께끼 책이 있을 정도니까요. 학교에서 쉬는 시간이면 뛰어놀기도 하지만 서로 수수께끼를 내면서 놀기도 합니다. 어렸을 때부터 말장난 놀이를 많이 해서 그런지, 프랑스인들은 언어유희를 즐기기도 합니다. 예를 들자면, "나는 생각한다, 고로 존재한다."라는 데카르트의 유명한 명언을 아시나요? 프랑스어로는 "Je pense donc je suis." [쥬 뻥쓰 동끄 쥬 쒸이] 입니다. 그런데 Pierre Desproges라는 해학가는 그것을 이렇게 바꿔서 말했습니다. "Je pense donc tu suis" [쥬 뻥쓰 동끄 뛰 쒸이] "내가 생각하니까 너는 따라와."

위에서 말하는 두개의 suis 는 각각 다른데, 첫 번째, 존재한다의 suis는 Être (to be)동사의 단수 1인칭이고, 따라오다의 suis는 suivre [쒸이브V흐](따라가다)동사의 단수 1인칭, 2인칭의 형태입니다.

 C'est cool.

쎄 / 꿀.

그것은 ~이다 / 좋은.

Je te pose la devinette.

쥬 / 뜨 뽀즈 / 을라 드비v네뜨.

내가 / 너에게 제시하다 / 정관사 수수께끼.

 D'accord, vas-y.

다꼬흐̃, 바v (ㅈ)이.

알겠어, 하자.

 Il te voit vieillir sans jamais rien te dire.

일 뜨 / 부v아 / 비v에이이흐̃ / 썽 / 자메 / 히앙̃ / 뜨 디흐̃.

그는 너를 / 보다 / 늙는 것 / ~하지 않고 / 결코 / 0개 / 네게 말하다.

Qui suis-je?

끼 / 쒸이 쥬?

누구 / 나는 ~일까요?

 Euh... Je ne sais pas.

외… 쥬 / 느 / 쎄 / 빠.

음… 나는 / 부정 / 알다 / 부정.

 Le miroir!

을르 미휴̃아흐̃!

정관사 거울!

 Ah oui, c'est vrai!

아 위, 쎄 / 브v헤!

아 그래, 그것은 ~이다 / 사실!

D : 잘 됐네.

　　내가 수수께끼를 낼게.

S : 좋아, 해 봐.

D : 너에게 아무 말을 하지 않고 네가 늙어가는 것을 보기만 해.

　　내가 누굴까요?

S : 음… 모르겠네.

D : 거울이지!

S : 그렇네, 정말이네!

 TIP

◀ **C'est cool.**

청소년들이나 청년들이 사용하는 구어로서 영어의 'cool'과 같은 의미입니다.

◀ **vieillir**

'나이 들다, 늙다'가 vieillir이면 '젊어지다'도 알아야겠죠? '젊어지다'는 rajeunir (하죄니흐)입니다. 어원은 라틴어의 juvenis (젊음)이며 '원상태로 돌아가다'라는 뜻의 접두사 'ra-'를 붙여서 만든 동사입니다.

Tu as rajeuni de 10 ans!

[뛰 아 하죄니 드 디 (ㅈ)엉]

: 너 10년은 젊어졌구나!

> **Ce n'est pas vrai!**
> 쓰 네 빠 브v헤
> 그것은 사실이 아니야!

7 저는 항상 바빠요.

Laura, est-ce que vous êtes
올로하, 에스끄 / 부v (ㅈ)에뜨 /
로라 여성이름, 의문 / 당신은 ～이다 /

libre demain soir?
을리브흐 / 드망 수아흐?
자유로운 / 내일 저녁?

Qu'est-ce qu'il y a, Mathieu?
께스낄 이 아, 마띠외?
무슨 의문 ～이 있다, 매튜 남성이름 ?

J'ai deux tickets de "Jurassic Park".
줴 / 되 / 띠께 / 드 "쥬하씩 빠흐끄"
나는 가지고 있다 / 두 장 / 티켓 / 영화 "쥬라기 공원"의.

Désolée, je n'aime pas les dinosaures.
데졸레, 쥬 / 넴므 빠 / 을레 디노조흐.
죄송합니다, 나는 부정 좋아하다 부정 정관사 공룡들.

Mercredi alors? Je suis guitariste.
메흐크흐디 / 알로흐? 쥬 쒸이 / 기따히쓰뜨.
수요일 / 그러면? 나는 ～이다 / 기타리스트.

Mon groupe donne un concert mercredi soir.
몽 그훕 / 돈 / 앙 꽁쎄흐 / 메흐크흐디 수아흐.
나의 밴드 / 하다 부정관사 콘서트 / 수요일 저녁.

M : 로라 씨, 내일 저녁에 시간 있으세요?
L : 무슨 일이세요, 매튜 씨?
M : "쥬라기 공원" 티켓 두 장이 있어요.
L : 죄송해요, 저는 공룡을 좋아하지 않아요.
M : 그럼 수요일은요? 제가 기타리스트거든요.
우리 밴드가 수요일 저녁에 콘서트를 열어요.

◀ **demain**
demain은 '내일', 모레는 뭘까요? '모레'는 직역하면 '내일 다음'의 뜻을 가진 après-demain [아프헤 드망]입니다. 영어의 the day after tomorrow보다는 훨씬 짧고 쉽죠?

◀ **dinosaure**
프랑스어의 발음은 우리를 배신하지 않습니다. 발음 체계를 한 번 외워 놓으면 어떤 길고 어려운 단어라고 해도 다 읽을 수 있습니다. '디노조흐'. 영어의 '다이너소어' 보다는 읽기 쉽지 않나요?

J'aime les Tyrannosaures.
젬므 올레 띠하노조흐
나는 티라노사우루스들을 좋아해.

 J'ai rendez-vous avec une amie mercredi.

쥐 / 헝데부v / 아베v끄 / 윈 아미 / 메흐크흐디.
나는 가지고 있다 / 약속이 / ~와 함께 /
부정관사 한명의 여성친구 / 수요일.

 Et vendredi?

에 / 벙v드흐디?
그리고 / 금요일?

Il y a une grande fête dans mon quartier.

일 이 아 / 윈 그헝드 페f뜨 / 덩 / 몽 꺄흐띠에.
~이 있다 부정관사 하나의 큰 축제 / ~에 / 나의 동네.

 Désolée de refuser encore une fois. ◀

데졸레 / 드 흐퓌f제 / 엉꼬흐 윈 푸f아.
죄송합니다 / 거절하다 / 또 한 번.

Je prends des cours de natation le vendredi.

쥬 프헝 / 데 꾸흐 / 드 / 나따씨옹 / 으르 벙v드흐디.
나는 듣다 / 그 수업 / ~의 / 수영 정관사 금요일.

 D'accord…
Quand êtes-vous libre alors?

다꼬흐… / 껑 / 에뜨 부v / 을리브흐 / 알로흐?
알겠습니다… 언제 / 당신은 ~이다 / 자유로운 / 그렇다면?

 Je suis toujours occupée.

쥬 쒸이 / 뚜주흐 / 오뀌뻬.
나는 ~이다 / 항상 / 바쁜.

L : 수요일에는 친구랑 약속이 있어요.
M : 그럼 금요일은요?
    저희 동네에서 큰 축제가 열려요.
L : 또 거절해서 죄송해요.
    금요일에는 수영 강습이 있어요.
M : 알겠어요… 그러면 언제 시간이 괜찮으세요?
L : 저는 항상 바빠요.

Je suis un personnage connu.
쥬 쒸이 엉 뻬흐쏘나주 꼬뉘
나는 유명한 캐릭터야.

Désolée

'미안하다'는 말도 형용사이기 때문에 여성 캐릭터 Laura가 말할 때 *désolé* 끝에 여성을 나타내는 '-e'가 붙습니다.

이탈리아 사람은 프랑스어로 된 글을 대강 알아볼 수는 있지만

안…, 녕하세요?

Bonsoir

프랑스어를 따로 공부하지 않고서는 소리 내어 말하지는 못해.

음

음

프랑스어

우리가 배울 프랑스어는 철자 상으로 라틴어와 가장 유사하지만

철자

우리는

닮은 꼴

발음에서는 라틴어와 가장 멀다는 평을 듣고 있거든.

으어, 정전기.

발음

앗, 따가워!

그럴 만한 것이 프랑스 지역 사람들이 라틴어에 익숙해질 즈음 로마 제국이 힘을 잃어버렸어.

우리의 영광이 이렇게 지다니…

게다가 4세기 이후 게르만 민족이 프랑스 지역을 침략하면서

아, 아니? 누구야, 너희들?!

게르만족

게르만의 언어도 섞이게 되는데

게르만언어

섞인다, 섞여~

프랑스어

라틴어와 게르만의 언어는 서로 너무 달랐기 때문에

하나도 못 알아듣겠네.

라틴어는 원래의 모습을 많이 잃어버리게 돼.

여긴 어디, 나는 누구?

?
?
?
?

이러한 현상은 당연히 프랑스 지역뿐만 아니라 라틴어를 사용하던 다른 지역에도 공통으로 나타난 현상이었어.

라틴어를 기반으로 변화했지만

라틴 성형외과

들어와, 들어와~

저기 가면 새 인생이…

말이 변하고 변해서 지역끼리 서로 소통이 어려워진 단계의 언어지.

?
?
?
?

좋은 아침.

밥 먹었어?

뭐라고 하는 거야?

이렇게 나타난 언어들을 통틀어
'로망스어군'이라고 불러.

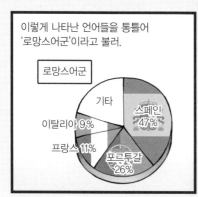

로망스어군

기타
이탈리아 9%
프랑스 11%
스페인 47%
포르투갈 26%

하지만 이 단계의 프랑스어 역시
지금의 프랑스어와 달라.

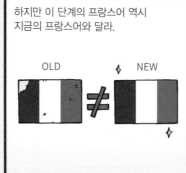

OLD ≠ NEW

왜냐하면 지역마다 각각의 방언을
가지고 있었기 때문이야.

안녕!
밥 먹었니?

밥
묵었다.

이마이
먹었다~

방언이야 뭐 우리나라에도 있긴 하지만
우리나라의 방언은 지역별로 심하게
다르지는 않잖아?

쪼매
듭네….

조금
덥다고?

하지만 방언이 발달했던 프랑스에서는
바로 옆 지역과의 의사소통조차
어려웠어.

으응…?

게다가 학술 분야에서는 여전히 라틴어를
사용하고 있었어.

인정 받으려면
라틴어를
사용해야 해!

라틴어

17세기 중반 데카르트가 〈방법서설〉을
저술했는데

나는
생각한다.
고로, 나는
존재한다.

르네 데카르트 (1596~1650)
프랑스 근대철학의 아버지

라틴어가 아닌 프랑스어를 사용했다는
사실만으로 학계에서는 엄청난 파란이
일 정도였지.

아니,
라틴어가 아니고
프랑스어?!

방법서설

그런 상황에서 18세기 프랑스 대혁명이
일어나게 돼.

와아아!

대혁명 당시 각 지역 대표들이 연설하기
위해 파리로 모여들었어.

우리 지역의
뜻을 전하자!

프랑스의 수도 파리

그러나 파리 시민들은 다른 지역 대표들의
발언을 거의 알아들을 수가 없었어.

??

??

한마디로 사투리가 너무 심했거든.

으미~!
나는 이르케
생각한디여!

뭐라는겨…

대혁명을 통해 프랑스 시민들은 서로의 말이 너무 다르다는 걸 실감한 거야.

게다가 프랑스는 우리나라처럼 중앙집권적 전통이 강해서

중앙의 뜻을 지방에까지 효율적으로 전달하기 위해서는

통일된 언어가 꼭 필요했어.

그래서 대혁명 이후, 프랑스 정부는 지방 곳곳에 학교를 세워서 표준화된 프랑스어를 보급하기 시작해.

그리고 통일된 언어를 통해서

프랑스는 다른 국가들보다 더 앞서서 강력하고 단일한 힘을 갖춘 근대 국가로 발돋움할 수 있었어.

그리고 현대 사회에 진입한 지금, 프랑스는 29개국에서 공용어로 사용되고 있어.

그리고 정확성과 논리성이 발달하고 풍부한 뉘앙스를 표현할 수 있는 언어로 인정받고 있지.

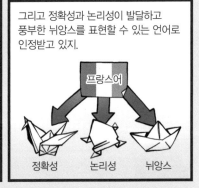

또한 프랑스어는 말할 때의 소리가 무척 아름다운 언어이기도 해.

이렇게 인정받기까지 프랑스는 국가 차원에서 프랑스어를 보호하고자 온갖 노력을 기울여 왔어.

외래어, 특히 영어의 영향력이 커지자 외래어로부터
프랑스어를 보호하기 위해 별도의 법을 만들 정도야.

뚜봉법(loi Toubon)
프랑스의 미디어 및 사회 각 분야에서
프랑스어 사용을 의무화(1994)

또한 방언의 영향력이 커지자
헌법에서부터 프랑스의 언어는
프랑스어라고 못을 박지.

공화국의
언어는
프랑스어
이다.

탕!
탕!

우리나라도 언어에 대한 국가의 개입이
큰 편인데 프랑스는 법안을 제정할
정도라니 대단하지?

물론 국가 차원에서 너무 적극적으로 국민의 언어생활에 개입하다 보니
프랑스 사회에서도 이에 대한 반발이 있어.

짜…
아니,
자장면!

Ham…
steak
haché!

아니,
말은 좀 편하게
하면 안 돼?

안 그래도
살기 힘든데!

프랑스어의 방언에는 프랑스어 내에서의
방언은 물론

그래도 국적은
프랑스인데…

방언

안 돼!

입국

아예 프랑스어라고 분류할 수 없는
방언들도 존재하는데

넌 프랑스어도
아니잖아!

방언

으아!

입국

프랑스에서는 이 말들이 아예
'프랑스어'가 아니라고 최상위법인
'헌법'에 규정해 놓은 거야.

출국

헌법으로
정해져 있으니
돌아가!

방언   방언

프랑스의 일부 지방주의자들은
2개 언어로 표시된 도로 표식지에서
프랑스어를 지워버릴 정도로 화가 났어.

ROAD

이럴 거면
그냥 영어만
쓰라고 해!

국가 내에서의 원활한 의사소통이 중요
할까, 아니면 개인의 언어의 자유가 중요
할까?

?

사회   개인

사실 무엇이 옳은지 쉽게 판단할 수는
없는 문제야.

➡️만화는 104쪽에서 계속 이어집니다.

02

명사 앞에 붙여주는
관사

프랑스어의 관사
모든 명사는 남성 혹은 여성이다
영어는 *the* 프랑스어는 *le, la, les*
영어는 *a* 프랑스어는 *un, une, des*
영어는 *some* 프랑스어는 *du, de la*
성, 수의 모든 것 – 복습

un garçon
한 소년

une fille
한 소녀

한눈에 배운다!
프랑스어의 관사

관사는 일종의 형용사!

관사는 명사 앞에 붙이는 것으로 일종의 형용사입니다.
관사에는 다음의 두 종류가 있습니다.

정관사   영어의 the에 해당

정확하게 가리킬 때 사용합니다. 다시 말해, 가리키는 대상이나 대상의 범위가
명확할 때 사용합니다. 이를테면...

> 1 듣는 이도 아는 그것.
> 2 방금 전 언급했던 그것.
> 3 하나밖에 없는 것.
> 4 하나도 빠짐없이 전부.

부정관사   영어의 a에 해당

부정확하게 가리킬 때 사용합니다. 다시 말해, 가리키는 대상이나 대상의 범위가
명확하지 않을 때 사용합니다. 이를테면...

> 1 듣는이가 모르는 것.
> 2 처음 언급하는 것.
> 3 아무거나 상관없는 것.
> 4 아무렇게나 정해도 되는 일부분.

그런데 영어의 부정관사 a는 매우 특이하게도 셀 수 있는 하나에만 사용합니다.
다시 말해 복수이거나 셀 수 없는 경우는 아예 관사를 사용하지 않습니다. 다시 말해
위 부정관사 요건에 해당해도 무관사를 사용하는 경우가 있습니다. 복수이거나
불가산이라는 이유로 말이죠. 하지만 이것은 영어의 특징일 뿐입니다. 프랑스어의
경우 위 부정관사 요건에 해당하면 부정관사를 사용합니다.

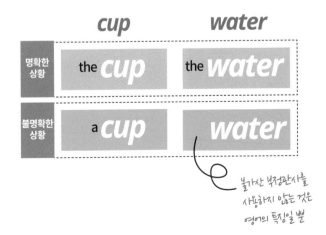

	cup	*water*
명확한 상황	the *cup*	the *water*
불명확한 상황	a *cup*	*water*

불가산 부정관사를
사용하지 않는 것은
영어의 특징일 뿐

TIP

<< 읽어 보세요
관사를 완벽하게 외우려 하지 마세요.

정관사와 부정관사, 무관사 이렇게
세 가지를 정확하게 구분하는 것은 매우
어렵습니다. 성, 수에 따라 정관사와 부정
관사가 각각 네 개의 형태를 가집니다. 영
어에 비하면 관사가 훨씬 복잡합니다. 그
래서 그런지 많은 분들이 이 지점에서 프
랑스어를 포기하게 됩니다. 관사를 외우느
라 프랑스어를 말하는 즐거움을 느껴보지
도 못한 채 말이죠. 이 책을 보는 여러분은
절대로 이 관사들을 암기하려 들지 않기
를 바랍니다. 여기에는 다음과 같은 이유
들이 있습니다.

1 프랑스 사람도 관사를 완벽하게 사용
하지 않습니다.
2 관사를 혼동해 사용해도, 의사소통에
는 대부분 지장이 없습니다.
3 대화 중 가장 많이 사용되는 명사는
'나, 너, 이것, 저것'등의 대명사들입니다.
그런데 정작 이 대명사들에는 관사가 사
용되지 않습니다.

<< 읽어 보세요
관사가 어려운 이유

많은 분들이 관사 붙이기를 어려워합니다.
그래서 그 이유를 정리해 보았습니다.

1 언어는 원래 말하는 사람 마음대로 말
하게 되어있습니다. 하지만 관사는 내 마
음대로가 아닌 문법에 정해진 대로 배워
서 말해야 합니다.
2 관사의 논리를 이해할 때는 무관사의
존재가 매우 중요합니다. 하지만 이를 무
시하고 가르치거나 배우면 관사는 한 없
이 어려워집니다.
3 '컵'은 셀 수 있고 '물'은 셀 수 없습니
다. 그렇다면 '사랑'이나 '경험'은 어떤가
요? 명사들 중에는 셀 수 있는지의 여부
가 불분명한 것들이 많이 있습니다. 또 그
들 중 일부는 말하는 사람이 의도에 따라
결정할 수도 있고요.

이번에는 정관사, 부정관사, 무관사를 선택하는 과정을 표로 만들어
이해해 보도록 하겠습니다.

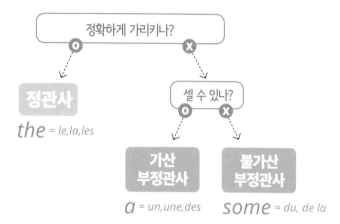

이번에는 세 가지 종류의 관사를 영역으로 표시해보았습니다.
역시 첫 번째 기준은 '정확하게 가리키나'입니다.

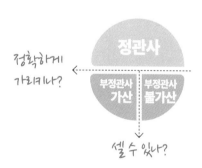

이번에는 관사에 대한 한 줄 요약입니다.

정확하게 가리킬 때 : 정관사
부정확하게 가리킬 때 : 부정관사

 읽어 보세요 **명확한 범위를 표현하는 정관사**

이미 설명 드린 바와 같이 정관사는 명확
한 대상에 사용합니다. 다음에 나오는 '사
과'는 어떨까요?

나는 사과를 좋아해.

여기에서의 사과는 '세상의 모든 사과들'
입니다. 다시 말해 '이 사과들'이나 '저 사
과들'이 아닙니다. 그렇다면 정관사를 사
용할까요? 다시 말해 세상의 모든 사과는
명확한 범위를 나타내는 것일까요?

영어에서는 이 경우 정관사 the를 사용하
지 않습니다. '세상의 모든 사과'는 명확하
지 않다는 입장인 것이죠.

I like apples.

반면 프랑스어에서는 정관사 le, la, les
를 사용합니다. '세상의 모든 사과'는 명확
하다는 입장인 것이죠.

J'aime les pommes.
[젬ㅁ 울레 뽐ㅁ.]
나는 사과를 좋아해.

영어와 프랑스어는 정관사 사용법이 거의
같습니다. 위 경우를 제외하고는 말이죠.

 읽어 보세요 **관사 학습 목표**

1 정관사와 부정관사가 어떻게 각각 여러
개의 형태를 갖는지 이해하는 정도

2 예문을 읽다가 '이렇게 생긴 것들이 정관
사, 이렇게 생긴 것들이 부정관사로구나' 하
고 구분하는 정도

3 예문을 읽다가 '이런 이유로 정관사를, 이
런 이유로 부정관사를 사용했구나' 하고 느
끼는 정도

4 단수 정관사와 단수 부정관사를 말할 수
있는 정도

Let's start

한눈에 배운다!

모든 명사는 남성 혹은 여성이다

명사의 성

각 나라의 언어는 각각 고유의 특성을 가지고 있습니다. 대부분의 특성은 언어를 더 편리하게 사용하기 위해 발달한 것들입니다. 그런데 간혹, 도대체 왜 그런지 알 수 없는 특성도 있습니다. 프랑스어, 그리고 유럽의 언어들이 가지고 있는 이상한 특성 중의 하나는 바로 **'세상의 모든 사물을 남성과 여성으로 나누어놓았다'**는 것입니다. 심지어 새로 발명되거나 발견된, 그래서 새로 생긴 명사까지도 남성이나 여성 중에 하나로 정해버립니다.
이것이 바로 **'명사의 성'**이라는 개념입니다.

livre [올리브^{v}흐]
남성명사 : 책

maison [메종]
여성명사 : 집

그런데 어떤 명사를 남성인지 여성인지 구분하면 뭐가 달라질까요?
굳이 구분했으면 그로 인해 뭔가 달라져야 하는 것 아니겠어요? 그렇습니다.
남성명사라면 형용사나 관사도 남성형으로, 여성명사라면 형용사나 관사도 여성형으로 붙여줍니다.

자, 그러면 어떤 명사들이 남성이고, 어떤 명사들이 여성인지 한 번 살펴볼까요?
이왕 구분하는 김에 정관사(영어의 The에 해당)도 붙여보았습니다.
le은 남성형 정관사, la는 여성형 정관사입니다.

남성 명사

le livre	[을르 을리브^{v}흐]	**그 책**
le sac	[을르 싹]	**그 가방**
le pain	[을르 빵]	**그 빵**
le magasin	[을르 마가장]	**그 가게**

여성 명사

la maison	[을라 메종]	**그 집**
la personne	[을라 뻬흐썬]	**그 사람**
la clé, clef	[을라 끌레]	**그 열쇠**
la photo	[을라 포^{f}또]	**그 사진**

TIP

<< 더 알아 봅시다 **남성명사 & 여성명사**

사람을 나타내는 명사들은 남성인지 여성인지가 쉽게 구분됩니다.

- Le père [을르 뻬흐] 아버지
- Le fils [을르 피^{f}쓰] 아들
- La mère [을라 메흐] 어머니
- La fille [을라 피^{f}유] 딸

하지만 보통의 경우 단어만 보고는 남성인지 여성인지 알 수 없습니다. 이를테면 'maison [메종] 집 – 여성' 같은 단어의 경우를 말합니다. 이런 경우는 그냥 외우는 수밖에 없습니다.

그래도 팁을 드리자면,
-e로 끝나는 단어는 **80%**가 여성입니다.

- **여성인 경우**
  -ure,-ille, -ade -tion, -sion, -ssion,
- **남성인 경우**
  -ier, -on, -oir, -ement

명사에 성별이 있는 것은 라틴어의 영향을 받은 유럽어들의 특징입니다. 독일어에는 남성과 여성도 모자라 중성까지 있는데요, 그래도 프랑스어는 좀 나은 편이죠?

<< 읽어 보세요 **명사에 성이 있다고?**

모든 명사에는 성이 있습니다. 그런데 우리는 어떻게 그 사실을 모른 채 여기까지 올 수 있었을까요? 1단원에는 아무런 명사가 등장하지 않은 것일까요? 그렇지는 않습니다. 1단원에서도 명사가 여러 번 등장했죠. 하지만 그것들은 모두 '신분 명사'들과 '인칭대명사'들이었습니다. 이들에게는 남성형과 여성형이 모두 존재하죠.

한눈에 배운다!
영어는 the 프랑스어는 le, la, les

정확하면
정관사

동영상 강의

한국은 '여성', 일본은 '남성'.
프랑스어의 모든 명사는 남성과 여성으로 나뉩니다.
영어에서 '가리키는 대상이나 대상의 범위가 명확할 때' 해당 명사 앞에
'the'가 붙지요? 프랑스어 역시 마찬가지입니다. 그리고 그 'the'와 같은 것을
관사라고 부르는데요, 사실 관사는 일종의 형용사입니다.
그래서 관사의 사용법은 형용사의 사용법과 거의 비슷합니다.
명사의 성별과 수에 따라 관사를 다르게 붙인답니다.

'쁘띠'와 '쁘띠뜨'를 기억하시나요? 똑같이 '키가 작은'이라는 의미의 형용사지만
남, 여에 따라 다르게 사용했잖아요. 관사도 이와 마찬가지입니다.

the 가리키는 대상이나 대상의 범위가 명확할 때

le
[을르]

le **garçon**
[을르 가흐쏭]
그 소년 (the boy)

la
[을라]

la **fille**
[을라 피유]
그 소녀 (the girl)

les
[을레]

les **garçon**s
[을레 가흐쏭]
그 소년들 (the boys)

les **filles**
[을레 피유]
그 소녀들 (the girls)

알고 보면
성, 수 문제는
모두 명사 때문!

TIP

더 알아
봅시다

**직업, 국적 등
신분 앞에는 무관사**

프랑스어에서는 직업을 이야기할 때
관사를 사용하지 않습니다.

▸ *Je suis médecin.*
  [쥬 쒸이 메드쌍]
  나는 의사입니다.

▸ *Je suis Coréen.*
  [쥬 쒸이 꼬헤앙]
  나는 한국인입니다.

▸ *Je suis étudiant.*
  [쥬 쒸이 에뛰디엉]
  나는 학생입니다.

하지만 명사를 형용사가 뒤에서 꾸밀
경우 관사를 사용합니다.

▸ *Je suis un étudiant sympa.*
  [쥬 쒸이 앙 에뛰디엉 쌍빠]
  나는 상냥한 학생입니다.

더 알아
봅시다   **복합명사의 성 구분법**

우리말의 합성어처럼, 프랑스어에도 두
개 이상의 명사가 합쳐져 한 단어가 되는
것들이 있습니다. 이를 '복합명사'라고 부
르는데요, 이 경우 가장 먼저 오는 단
어가 복합명사의 성별을 결정합니다.

남성
명사 + 여성
명사 = 남성
명사

[복 합 명 사]

🧍 Oiseau [우아조] 새

🧍 Mouche [무슈] 파리

🧍 Oiseau Mouche [우아조 무슈] 벌새

 빈칸 안에 관사와 명사를 써넣어 보세요.

1 그 책 **le** **livre**

2 그 빵

3 그 집

4 그 사람

5 그 장터

6 그 사진

7 그 가게들

8 그 빵들

9 그 집들

10 그 사람들

11 그 사진들

12 그 장터들

👤 남성 명사

livre	[올리브vㅎ]	책
sac	[싹]	가방
pain	[빵]	빵
magasin	[마가장]	가게
marché	[마ㅎ쉐]	장터, 거래

👤 여성 명사

maison	[메종]	집
personne	[뻬ㅎ썬]	사람
clé, clef	[끌레]	열쇠
photo	[포f또]	사진

정답입니다! 1 le livre 2 le pain 3 la maison 4 la personne 5 le marché 6 la photo
7 les magasins 8 les pains 9 les maisons 10 les personnes 11 les photos 12 les marchés

한눈에 배운다!

영어는 a 프랑스어는 un, une, des

셀 수 있는
부정관사

동영상 강의

영어에서는 '아무거나 하나'를 뜻할 때, 명사 앞에 **부정관사** a(an)가 붙지요?
프랑스어 역시 마찬가지입니다.
하지만 앞에서 배웠듯이 명사에는 남성, 여성, 복수형이 있으므로 명사의 성별과
수에 따라 관사를 다르게 붙인답니다. 따라서 단어를 익힐 때 관사와 함께
성별을 무조건 통째로 외우는 것이 가장 간단한 방법입니다.

a (단수) 가리키는 대상이나 대상의 범위가 불명확할 때

un
[앙]

un **garçon**
[앙 가흐쏭]
한 소년 (a boy)

une
[윈]

une **fille**
[윈 피유]
한 소녀 (a girl)

복수 가리키는 대상이나 대상의 범위가 불명확할 때

des
[데]

des **garçon**s
[데 가흐쏭]
소년들 (boys)

des **fille**s
[데 피유]
소녀들 (girls)

아무거나를 지칭할 때
un, une, des

TIP

<< 읽어
보세요 **관사와 성별**

'사람'이라는 뜻을 가진 영어 단어 *'person'*
아시죠? 프랑스어에도 매우 흡사하게 생긴
단어가 있는데요, *'une personne'* 입니
다. 관사를 보셨듯이 여성명사이지만 어쩔
수 없이 남녀 공용으로 사용하죠.

여성형 관사
une personne

그럼 이번에는 '행복한 사람'이라고 말해
볼까요? 여성형 명사에는 당연히 여성형
형용사 'heureuse'를 사용합니다.

une personne
heureuse

하지만 만약 'personne'이라는 명사를
빼고 말한다면?

Je suis
heureux.
Je suis
heureuse.

<< 읽어
보세요 **영어의 부정관사와 다른 점**

des는 부정관사의 복수형입니다. 반면,
영어에는 부정관사의 단수형만 있고 복수
형은 없습니다.

a boy
(부정관사 단수형)
boys
(무관사)

 빈칸 안에 관사와 명사를 써넣어 보세요.

1 책 하나   **un**   **livre**

2 집 한 채

3 가방 하나

4 가게 하나

5 가방들

6 사진 하나

7 책들

8 집들

9 열쇠 하나

10 장터들

11 담배 한 개비

12 가게들

남성 명사		
livre	[올리브v흐̃]	책
sac	[싹]	가방
pain	[빵]	빵
magasin	[마가장]	가게
marché	[마흐쉐]	장터, 거래

여성 명사		
maison	[메종]	집
personne	[뻬흐̃썬]	사람
clé, clef	[끌레]	열쇠
cigarette	[씨갸헤뜨]	담배
photo	[포f또]	사진

정답입니다! 1 un livre 2 une maison 3 un sac 4 un magasin 5 des sacs 6 une photo
7 des livres 8 des maisons 9 une clé 10 des marchés 11 une cigarette 12 des magasins

한눈에 배운다!
영어는 some 프랑스어는 du, de la

셀 수 없는
부정관사

동영상 강의

영어에서 some은 '몇몇의', '조금의'라는 뜻으로 셀 수 없는 명사 앞에 사용합니다. 프랑스어에서는 **du**[뒤], **de la**[드 을라]가 그 역할을 합니다. 영어의 some과 달리 **du**[뒤], **de la**[드 을라]는 관사이기 때문에 사용해야 할 곳이 확정되어 있습니다.

 some 셀 수 없는 것을 지칭할 때

du [뒤]

du lait
[뒤 을레]

우유 (some milk)

de la [드 을라]

de la salade
[드 을라 살라드]

샐러드 (some salad)

이제까지 배운 모든 관사를 정리하면 이렇습니다.

	셀 수 있다	셀 수 없다
정확하게 가리킬 때	le la les	
부정확하게 가리킬 때	un une des	du de la

부정관사의 변형 de

1. 부정관사는 5가지 모양을 가지고 있습니다. 하지만 그것은 어디까지나 긍정문일 때의 이야기입니다. 부정문의 부정관사는 모두 **de**[드]로 바뀌어버릴 수 있습니다.

un / une / des
du / de la **de**

긍정문 | Avoir [아부아흐] 부정문
Être [에트흐] 부정문 | 일반 동사 부정문

> Avoir 동사와 일반 동사는 뒤에서 곧 배우게 됩니다.

2. 형용사 앞의 **des**[데]는 **de**[드]로 바뀝니다.

형용사 없을 때 : *un / une / des / du / de la*
형용사 앞에서 : *un / une / de / du / de la*

TIP

<< 읽어 보세요 **아쁘스트흐프**

프랑스 사람들은 모음의 충돌을 싫어하기 때문에 두 단어의 끝과 처음이 모음일 경우 앞 단어의 모음을 생략하고 **아쁘스트흐프**(')를 넣습니다. 발음 역시 하지 않고 생략합니다.

De la eau → *De l'eau*
[드 을라 오]　　[드 을로]

<< 읽어 보세요 **가산명사, 불가산명사**

'셀 수 있는 것'이란 문법 용어로 '가산명사'라고도 합니다. 다음 예시를 보면서 가산명사와 불가산명사의 차이를 느껴보세요.

가산명사 : 사람, 책, 연필
불가산 명사 : 물, 공기, 음식

<< 읽어 보세요 **du / de la 와 예외**

셀 수 없고 불명확한 경우에 영어에서는 some도 사용하고 아예 관사를 쓰지 않기도 합니다. 말하는 사람 마음이죠.

영어 : I need some water. (O)
　　　 I need water. (O)

하지만 프랑스어에서는 이런 경우 대부분 du/de la를 사용해야 합니다. du/de la를 이용해 성, 수를 보여줄 수 있기 때문이죠. 그래서 영어처럼 무관사를 사용하는 경우는 예외적인 경우입니다.

프랑스어 : J'ai besoin d'eau. (O)
　　　　 나는 물이 필요해.

　　　　 J'ai faim. (예외적인 경우)
　　　　 나는 배고파(배고픔을 가지고 있어).

 빈칸 안에 관사와 명사를 써넣어 보세요.

1 맥주   **de la** **bière**

2 설탕

3 물

4 기름

5 케이크

6 샐러드

7 우유

8 피자

9 주스

10 밀가루 반죽

11 빵

12 불

🧍 남성 명사

sucre	[쮜크흐]	설탕
gâteau	[갸또]	케이크
lait	[을레]	우유
jus	[쥐]	주스
pain	[빵]	빵
feu	[푀f]	불

🧍 여성 명사

eau	[오]	물
bière	[비에흐]	맥주
salade	[살라드]	야채 샐러드
huile	[윌르]	기름, 오일
pâte	[빠뜨]	밀가루 반죽, 파스타
pizza	[핏자]	피자

정답입니다!   **1** de la bière **2** du sucre **3** de l'eau **4** de l'huile **5** du gâteau **6** de la salade
7 du lait **8** de la pizza **9** du jus **10** de la pâte **11** du pain **12** du feu

한눈에 배운다!
성, 수의 모든 것 – 복습

문제의 근원은 명사다

동영상 강의

프랑스어의 성, 수 구분 때문에 머리 아프시죠?
이로써 성수에 관한 내용은 모두 등장했습니다.
기념으로 총정리를 해 보겠습니다.

신분 명사

동사에 영향 ← **명사** → 형용사에 영향

모든 명사에는 성, 수가 있고
이로 인해

1 명사 스스로가 4가지로 변화한다.

étudiant	étudiants	étudiante	étudiantes
에뛰디엉	에뛰디엉	에뛰디엉뜨	에뛰디엉뜨
남학생	남학생들	여학생	여학생들

2 동사가 원형 + 6가지로 변화한다.

1인칭 단수형
1인칭 복수형
2인칭 단수형
2인칭 복수형
3인칭 단수형
3인칭 복수형
원형

3 형용사가 4가지로 변화한다.

petit	petits	petite	petites
쁘띠	쁘띠	쁘띠드	쁘띠드
작은	작은	작은	작은

4 관사도 형용사의 일종이므로 똑같이 성, 수에 따라 변화 한다.

un	une	des	des
엉	윈	데	데

[쥬 쒸이 엉 쁘띠 (ㄸ)에뛰디엉]
Je suis un petit étudiant.

2 6개의 **동사** 중 선택
4 4개의 **관사** 중 선택
3 4개의 **형용사** 중 선택
1 4개이 **신분 명사** 중 선택

TIP

<< 읽어 보세요 **어떤 성수를 따라야 하나요?**

1. 형용사는 주어의 성수를 따릅니다.
2. 형용사는 명사의 성수를 따릅니다.

무엇이 맞는 것일까요? 조금 다른 예를
들어보겠습니다. 보통 병사들은 멀리 있는
왕보다 가까이 있는 장군의 명령을 따릅니
다. 물론 장군이 없다면 왕을 따르겠죠.
마찬가지로 형용사는 가까이 있는 명사
의 성수를 따릅니다. 물론 명사가 없다면
멀리 있는 주어의 성수를 따르는 것이죠.

주어 동사 형용사
성수일치
주어 동사 형용사 명사
성수일치

<< 읽어 보세요 **명사의 성은 어떻게 정해지나?**

새로 생긴 명사, 혹은 새로 외국에서 들여
온 외래어 같은 경우 남성과 여성이 정해
져 있지 않습니다. 이럴 땐 관사를 붙여서
말했을 때 발음하기 쉬운 쪽으로 성이 정
해집니다. 물론 사람들의 생각이 서로 다
를 경우에는 각자 자기 마음대로 말하기
도 하죠.

1 커피 한 잔 할래?

 Tu veux un café?
AMÉLIE
뛰 뵈v / 앙 까페f?
너는 원하다 / 커피 [부정관사] 한 잔?

 Oui, je veux bien un café.
CAROLINE
위, 쥬 뵈v / 비앙 / 앙 까페f.
응, 나는 원하다 / 좋은 / 커피 [부정관사] 한 잔.

◀ **Oui, je veux bien un café.**
직역하자면 '응, 나는 커피 한 잔을 잘 원해'이지만, 'vouloir bien'은 '**동의하다, 승낙하다**'라는 뜻으로 사용하는 표현입니다.

 Tu mets du sucre?
AMÉLIE
뛰 메 / 뒤 쒸크흐?
너는 넣다 [부정관사] 설탕?

◀ **Je, Tu**
Je와 Tu의 발음은 편의상 한글로 '쥬', '뛰' 라고 쓰지만 사실은 서로 매우 비슷합니다. 그도 그럴 것이 '쥬'라는 발음과 '뛰'라는 발음은 입모양은 서로 같고, 다만 공기의 세기만이 다릅니다. 따라서 Je와 Tu의 발음 모두 한글로 '쥬'와 '뛰' 사이의 어딘가에 존재합니다. 게다가 Tu를 문장 속에서 편하게 발음하게 되면 더욱더 Je의 발음과 비슷해 져서 결국 듣고 구분하는 것은 거의 불가능해집니다.

 Oui, deux morceaux, s'il te plaît.
CAROLINE
위, 되 모흐쏘, 씰 뜨 쁠레.
응, 두 조각들, 네게 부탁 해.

쥬 ——————— 뛰
Je **Tu**
귀찮기 예같다

 Tu veux des gâteaux?
AMÉLIE
뛰 뵈v / 데 갸또?
너는 원하다 [부정관사] 쿠키들?

Ils sont à la myrtille.
일 쏭 / 아 / 을라 미흐띠유.
그것들은 ~이다 / ~으로 / [정관사] 블루베리.

 Non, merci, je n'aime pas beaucoup les gâteaux.
CAROLINE
농, 메흐씨, 쥬 넴므 빠 / 보꾸 / 을레 갸또.
아니, 고마워, 나는 [부정] 좋아하다 [부정] / 많이 / [정관사] 쿠키들.

◀ **Non, merci.**
'No, thank you'와 같은 형태와 의미를 가진 표현입니다. 정중하게 거절할 때 사용합니다.

Je n'aime pas beaucoup.
직역하자면 '나는 많이는 좋아하지 않는다'이지만, '**나는 별로 좋아하지 않는다**'라는 뜻입니다.

A : 커피 한 잔 마실래?
C : 응, 커피 좋지.
A : 설탕 넣어?
C : 응, 두 개 넣어줘.
A : 쿠키 먹을래?
　　블루베리 들어간 쿠키인데.
C : 아니 괜찮아, 쿠키를 별로 안 좋아해.

Je veux un chocolat chaud.
쥬 뵈v 앙 쇼꼴라 쇼
나는 핫 초코를 원해.

 D'accord. On boit sur le balcon?
다꼬흐. 옹 / 부아 / 쒸흐 / 을르 발꽁?
알겠어. 우리는 / 마시다 / ~위에서 / [정관사] 발코니?

La vue est merveilleuse.
을라 뷔V 에 / 메흐베V 이예즈.
[정관사] 그 전망이 ~이다 / 굉장한.

 Allons-y.
알롱 (ㅈ)이.
가자.

A : 알겠어. 발코니에서 마실까?
   경치가 엄청 아름다워.
C : 그러자.

Allons-y.
직역하자면 '그곳에 가자'이지만, **'가자, 하자 (Let's go, Let's do it)'** 라는 의미로 사용되는 표현입니다.

② 너는 무엇을 가졌니?

 Qu'est-ce que tu as dans ton sac à dos?
께스끄 / 뛰 아 / 덩 / 똥 싸꺄도?
무엇을 [의문] / 너는 가지고 있다 / ~ 안에 / 너의 가방?

 J'ai une trousse, des livres, des cahiers, et...
줴 / 윈 트후쓰, 데 을리브V흐, 데 꺄이에, 에...
나는 가지고 있다 / [부정관사] 하나의 필통, [부정관사] 몇 권의 책,
[부정관사] 몇 권의 공책 , 그리고...

le devoir de français, les clefs de chez moi et une photo de famille.
을르 드부V아흐 / 드 / 프f헝쎄, 을레 끌레
드 / 쉐 / 무아 / 에 / 윈 포f토 / 드 / 파미유.
[정관사] 숙제 / ~의 / 프랑스어, [정관사] 열쇠들
~의 / 집에 / 나 / 그리고 / [부정관사] 한 장의 사진 / ~의 / 가족.

 M : 네 가방에 뭐가 들었어?
P : 필통 하나, 책 몇 권, 공책 몇 개, 그리고...
   프랑스어 숙제, 우리 집 열쇠
   그리고 가족 사진 한 장이 들어 있어.

Mon sac est lourd.
몽 싹 에 을루흐.
내 가방은 무거워.

MARIE

Et qu'est-ce que tu as
에 / 께스끄 / 뛰 아
그리고 / 무엇을 [의문] / 너는 가지고 있다

dans ta trousse?
덩 / 따 트후쓰?
~ 안에 / 너의 필통?

PIERRE

J'ai des stylos, des crayons,
줴 / 데 쓰띨로, 데 크헤용,
나는 가지고 있다 / [부정관사] 몇 개의 볼펜, [부정관사] 몇 개의 연필,

une gomme, des surligneurs,
윈 곰므, 데 쒸흐리뉘에흐,
[부정관사] 한 개의 지우개, [부정관사] 몇 개의 형광펜,

et le stylo-plume de mon père.
에 / 을르 쓰띨로-쁠림 / 드 / 몽 뻬흐.
그리고 / [정관사] 만년필을 / ~의 / 나의 아버지.

Et toi, tu as quoi dans ton sac?
에 뚜아, 뛰 아 / 꾸아 / 덩 / 똥 싹?
그러면 너는, 너는 가지고 있다 / 무엇을 / ~ 안에 / 너의 가방?

MARIE

J'ai un stylo, un livre et un cahier.
줴 / 앙 쓰띨로, 앙 을리브v흐 / 에 / 앙 꺄이에.
나는 가지고 있다 / [부정관사] 하나의 볼펜, [부정관사] 한 권의 책 /
그리고 / [부정관사] 한 권의 공책.

PIERRE

C'est tout?
쎄 / 뚜?
그것은 ~이니 / 모두?

MARIE

Oui, j'ai un cours aujourd'hui.
위, 줴 / 앙 꾸흐 / 오주흐뒤이.
응, 나는 가지고 있다 / [부정관사] 수업 / 오늘.

M : 네 필통에는 뭐가 들어있어?
P : 볼펜 몇 개, 연필 몇 개, 지우개 하나, 형광펜 몇 개 그리고
　　아버지의 만년필이 들어 있어.
　　네 가방에는 뭐가 들어있어?
M : 나는 봄펜 하나, 책 한 권 그리고 공책 한 권을 가지고 있어.
P : 그게 다야?
M : 응, 오늘 수업이 하나야.

aujourd'hui

'오늘'이라는 말이 프랑스어로는 왜 이렇게 어려운 걸까요? Hui [위이]의 어원은 라틴어인 hodie (오늘)이며 hui는 고대 프랑스어에서 '오늘'이라는 뜻이었습니다. 그런데 어째서인지 au jour de ~ [오 주흐 드] '이 날에'라는 말과 함께 쓰여지다가 이 단어들이 합쳐지면서 aujourd'hui가 된 것입니다. 직역하자면 '오늘이라는 이 날에'라는 뜻이겠죠.

그런데 au jour d'aujourd'hui [오 주흐 도주흐뒤이]라고 말하는 프랑스 사람들도 있습니다. 직역하면 '오늘이라는 이 날인 이 날에'라는 엄청나게 중복적인 말이죠?

Je n'ai pas cours aujourd'hui!
쥬 네 빠 꾸흐 오주흐뒤이
나는 오늘 수업이 없어!

3 네, 저도 장 보고 있어요.

MARGUERITE

Bonsoir Florence, vous faites les courses?
봉수아흐 / 플f로헝스, 부v / 페f뜨 / 을레 꾸흐쓰?
안녕하세요 / 플로랑스 여성이름, 당신은 / 합니다 정관사 장보기?

FLORENCE

Bonsoir Marguerite, oui, notre frigo est vide.
봉수아흐 / 마흐그히뜨, 위, 노트흐 / 프f히고 / 에 / 비v드.
안녕하세요 / 마르그리뜨 여성이름, 네,
우리의 / 냉장고는 / ~입니다 / 비어있는.

Vous faites les courses, vous aussi?
부v 페f뜨 / 을레 꾸흐쓰, 부v / 오씨?
당신은 ~ 합니다 정관사 장보기, 당신 / 또한?

MARGUERITE

Oui, je fais les courses moi aussi.
위, 쥬 페f / 을레 꾸흐쓰 / 무아 / 오씨.
네, 저는 ~합니다 정관사 장보기 / 저 / 또한.

Qu'est-ce que vous achetez?
께스끄 / 부v / (ㅈ)아슈떼?
무엇을 의문 / 당신은 / 삽니다?

FLORENCE

J'achète des tomates, de la laitue, des fruits, et puis...
자쉐뜨 / 데 또마뜨, 드 을라 을레뛰, 데 프f휘이, 에 뿨이...
저는 삽니다 부정관사 토마토, 부정관사 상추,
부정관사 과일, 그리고...

M : 안녕하세요 플로랑스 씨, 장 보세요?
F : 안녕하세요 마르그리뜨 씨, 네, 냉장고가 비어서요.
　　마르그리뜨 씨도 장 보세요?
M : 네, 저도 장 보고 있어요.
　　뭐 사세요?
F : 저는 토마토, 상추, 과일, 그리고...

faire les courses
직역하면 '여러 경주를 하다'이지만 **'장을 보다'**라는 의미를 가지고 있습니다. 기억해두면 좋겠죠?

Qu'est-ce que...
Unit 7에서 배우겠지만요, **'무엇을'**을 뜻하는 의문사입니다.

J'aime les fruits.
젬므 을레 프f휘이
나는 과일을 좋아해요.

FLORENCE

Du sucre, une bouteille de lait, et de la viande de boeuf.

뒤 쒸크흐, 윈 부떼이유 / 드 / 을레,
에 / 들라 비엉드 드 뵈프f.
부정관사 설탕, 부정관사 한 병 / ~의 / 우유,
그리고 / 소고기.

MARGUERITE

Moi, j'achète des frites surgelées et des steaks hachés.

무아, 자쉐뜨 / 데 프f히뜨 / 쒸흐즐레 / 에 / 데 쓰떼꺄쉐.
저는, 저는 삽니다 부정관사 감자튀김 / 냉동된
그리고 부정관사 고기 패티.

FLORENCE

Mmh, du steak-frites au dîner!

음, 뒤 쓰떽-프f히뜨 / 오 디네!
(의성어), 부정관사 스테이크와 감자튀김 / 저녁 식사 때!

Je vous souhaite une très bonne soirée.

쥬 / 부v / 수에뜨 / 윈 트헤 본 / 수아헤.
저는 / 당신에게 / 바랍니다 부정관사 매우 좋은 / 저녁 시간.

MARGUERITE

Bonne soirée à vous aussi.

본 수아헤 / 아 / 부v / 오씨.
좋은 저녁 시간 / ~에게 / 당신 / 또한.

F : 설탕, 우유 한 병 그리고 소고기요.
M : 저는 냉동 감자튀김이랑 고기 패티를 사러 왔어요.
F : 저녁에 스테이크랑 감자튀김 드시겠네요!
  즐거운 저녁 시간 보내시길 바랍니다.
M : 네, 플로랑스 씨도 즐거운 저녁 시간 보내세요.

④ 서울에는 한강이 흐릅니다.

MATHIEU

Vous venez de quel pays?

부v 브v네 / 드 / 껠 / 뻬이?
당신은 왔습니다 / ~에서 / 어떤 / 나라?

CATHERINE

Je viens de France.

쥬 비v앙 / 드 / 프f헝쓰.
저는 왔습니다 / ~에서 / 프랑스.

TIP

◁ Moi, j'achète des frites surgelées et des steaks hachés.

직역하자면 '제 경우에는, 저는 냉동 감자 튀김이랑 고기 패티를 삽니다'라는 의미입니다. 'Moi, je...'는 '내 경우에는..., 저는 말이에요...'라는 뜻으로 구어체에서 흔히 사용하는 말입니다..

◁ steak-frites

'스테이크'와 '감자튀김'을 합쳐놓은 단어로, 프랑스 음식점에서 흔히 파는 음식입니다.

◁ Je vous souhaite une très bonne soirée.

'souhaiter' [수에떼]는 '바라다, 소망하다'라는 의미입니다.
우리가 '즐거운 저녁 보내시기 바랍니다'라고 말할 때의 '바라다'처럼 사용할 수 있습니다.

Je suis parisien.
쥬 쒸이 빠히지앙
저는 파리지앙입니다.

 CATHERINE

Et vous, d'où venez-vous?
에 / 부v, 두 / 브v네 / 부v?
그리고 / 당신, 어디에서 / 왔습니다 / 당신은?

 MATHIEU

Je viens de Corée du Sud.
쥬 비v앙 / 드 / 꼬헤 뒤 쒸드.
저는 왔습니다 / ~에서 / 한국.

C'est comment, la France?
쎄 / 꼬멍, 을라 프f헝쓰?
그것은 ~입니다 / 어떻게, 정관사 프랑스?

 CATHERINE

La France est 5 fois plus grande que la Corée du Sud.
을라 프f헝쓰 에 / 쌍끄 푸아 쁠뤼 그헝드 / 끄 / 을라 꼬헤 뒤 쒸드.
정관사 프랑스는 ~입니다 / 5배 더 넓은 / ~보다 / 정관사 한국.

 MATHIEU

La France est très grande.
을라 프f헝쓰 에 / 트헤 그헝드.
정관사 프랑스는 ~입니다 / 매우 넓은.

 CATHERINE

Oui, la France est un grand pays.
위, 을라 프f헝쓰 에 / (ㄸ)앙 그헝 뻬이.
네, 정관사 프랑스는 ~입니다 / 큰 나라.

Il y a beaucoup de montagnes comme les Alpes et les Pyrénées.
일 이 아 / 보꾸 / 드 몽따뉴
꼼므 / 을레 (ㅈ)알쁘 에 을레 삐헤네.
~이 있습니다 / 많이 / 어떤 산들
~와 같은 / 정관사 알프스와 정관사 피레네.

M : 어느 나라에서 오셨어요?
C : 저는 프랑스에서 왔습니다.
　　당신은 어디에서 오셨어요?
M : 저는 한국에서 왔습니다.
　　프랑스는 어떤가요?
C : 프랑스는 한국보다 5배 넓습니다.
M : 프랑스는 정말 크군요.
C : 네, 프랑스는 큰 나라입니다.
　　알프스와 피레네 같은 산들이 많이 있습ㅣ다.

 TIP

◀ **Corée du Sud**
Corée는 한국을, **du Sud**는 남쪽을 말하므로,
합쳐서 **'남한'**을 뜻합니다.

◀ **5 fois plus grande**
plus [쁠뤼]가 '더', **moins** [무앙]이 '덜'이라는
뜻으로, '한국은 프랑스보다 5배 작습니다'라고
하려면 **La Corée du Sud est 5 fois moins grande que la France** [을라 꼬헤 뒤 쒸드 에 쌍끄 푸아 무앙 그헝드 끄 을라 프f헝쓰]라고 하
면 됩니다.

Je connais le Mont-Blanc.
쥬 꼬네 을르 몽 블헝
나는 몽블랑을 알아.

MATHIEU

En Corée aussi,
엉 꼬헤 / 오씨,
한국 / 또한,

il y a beaucoup de montagnes.
일 이 아 / 보꾸 / 드 몽따뉴.
~이 있습니다 / 많은 / 산들.

Il y a beaucoup de montagnes à Séoul aussi.
일 이 아 / 보꾸 / 드 몽따뉴 / 아 / 쎄울 / 오씨.
~이 있습니다 / 많은 / 산들 / ~에 / 서울 / 또한.

CATHERINE

À Paris, il n'y a que des collines.
아 / 빠히, 일 니 아 끄 / 데 꼴린.
~에는 / 파리, ~밖에 없습니다 / 부정관사 언덕들.

Il y a beaucoup de fleuves comme
일 이 아 / 보꾸 / 드 플f뢰브v / 꼼므 /
~이 있습니다 / 많은 / 강들 / ~와 같은 /

la Seine et la Loire.
을라 쎈 / 에 / 을라 루아흐.
정관사 세느 강 / 그리고 / 정관사 루아르 강.

La Seine coule à Paris.
을라 쎈 꿀 / 아 / 빠히.
정관사 세느 강은 흐릅니다 / ~에 / 파리.

MATHIEU

Le fleuve Han coule à Séoul.
을르 플f뢰브v 한 꿀 / 아 / 쎄울.
정관사 한강이 흐릅니다 / ~에 / 서울.

M : 한국에도 산이 많이 있습니다.
　　서울에도 산이 많아요.
C : 파리에는 언덕들밖에 없습니다.
　　세느 강과 루아르 강 같은
　　강들이 여러 개 있습니다.
　　파리에는 세느 강이 흐릅니다.
M : 서울에는 한강이 흐릅니다.

TIP

◀ **Il n'y a que des collines.**
Ne...que는 '~밖에 없다'라는 뜻입니다. 위에 있는 문장은 **'언덕 밖에 없다'**는 뜻이겠죠?

la Seine
엄밀히 따지자면 파리에 흐르는 강은 사실 세느 강이 아니라 **욘 강(Yonne)**이라고 합니다. 강의 이름은 강이 합류할 때의 **유량(流量)에 따라서** 정해지는데, 욘 강의 유량이 세느 강의 유량보다 강하다고 합니다. 그래도 '욘'보다는 '세느'라는 이 ◀ 름이 더 낭만적이죠?

◀ **le fleuve Han**
fleuve는 **'강'**이라는 뜻으로, **le fleuve Han**이라고 하면 **한강**이라는 뜻이 만들어집니다.

 CATHERINE

La France est entourée par plusieurs mers.
을라 프f헝쓰 에 / (ㄸ)엉뚜헤 / 빠ㅎ / 쁠뤼지에어ㅎ 메ㅎ.
[정관사] 프랑스는 ~입니다 / 둘러싸여 / ~로 / 여러 바다들.

L'océan Atlantique,
로쎄엉 아뜰렁띠끄,
[정관사] 대서양,

la mer Méditerranée, la Manche
을라 메ㅎ 메디떼하네, 을라 멍슈
[정관사] 지중해, [정관사] 영국 해협

et la mer du Nord.
에 / 을라 메ㅎ 뒤 노ㅎ.
그리고 / [정관사] 북해.

 MATHIEU

La Corée du Sud est entourée
을라 꼬헤 뒤 쒸드 에 / (ㄸ)엉뚜헤 /
[정관사] 한국은 ~입니다 / 둘러싸여 /

par plusieurs mers aussi.
빠ㅎ / 쁠뤼지에어ㅎ 메ㅎ 오씨.
~로 / 여러 바다들 또한.

La mer Jaune, la mer du Sud
을라 메ㅎ 존, 을라 메ㅎ 뒤 쒸드 /
[정관사] 황해, [정관사] 남해 /

et la mer de l'Est.
에 / 을라 메ㅎ 드 레스뜨.
그리고 / [정관사] 동해.

C : 프랑스는 여러 바다로 둘러싸여 있습니다.
    대서양, 지중해, 영국 해협 그리고 북해요.
M : 한국도 여러 바다로 둘러싸여 있습니다.
    황해, 남해 그리고 동해요.

 TIP

◀ **la mer Jaune**
'황해'라고 해서 어떤 바다인가 긴가민가하셨나요? 한국에서 '서해' 라고 부르는 바다의 공식 명칭이 **황해**, 즉 프랑스어로 **la mer Jaune**입니다.

L'Yonne ou la Seine?
욜리온 우 을라 쎈
욘 강 아니면 세느 강?

그러나 한 가지 분명한 건 어떤 나라가 표준어 제정에 적극적이라는 사실은

그 나라의 언어를 배워야 하는 사람들에게는 큰 축복이라는 거야.

와아~

표준어

이대로 읽고 이대로 쓰세요~

고마워요.

방언이 심한 나라를 생각했을 때 말이야!

중국의 7대 방언이 그런 경우야.

- 북방방언
- 오방언
- 객가방언
- 민방언
- 월방언
- 상방언
- 감방언
- 기타

이제 국가 차원에서 수없이 다듬어진 말, 프랑스어를 만나야 할 시간이야.

Vouloir, c'est pouvoir! 뜻이 있는 곳에 길이 있다!

그런데 막상 여러분이 프랑스어를 시작한다니 걱정이 많이 돼.

숨은 복병들이 있거든...

사실 내가 이렇게까지 걱정하는 이유는 크게 2가지야.

첫 번째 문제는 발음이야.

발음

1

가끔은 '사람의 입에서 어떻게 저런 소리가 만들어지나?'하고 놀랄 때도 있을 거야.

어떻게?

하지만 '재미있는 놀이'라고 생각하며 연습해줬으면 좋겠어.

start!

발음을 연습하다 보면 은근 내가 멋있어 보인다?

크으~

두 번째 문제는 문장 속에 들어있는 남성과 여성이라는 개념이야.

남·여

2

이게 정말 복병이야!

먼저 아래 단어를 살펴볼까?
'멋진 소년'과 '멋진 소녀'가 있어.

멋진 소년	멋진 소녀
joli garçon	jolie fille
쫄리 갸흐쏭	쫄리 피유

잘 생각해 봐.
뭔가 이상하지 않니?

맞아, 똑같이 '멋진'이라는 뜻인데
모양이 달라.

joli
garçon

jolie
fille

같은 의미의 단어일지라도 프랑스어의
형용사는 크게 두 가지로 나뉜단다.

형용사

남성 전용　　여성 전용

도대체 왜 형용사를 남성 전용과
여성 전용으로 나누어 놓은 걸까?

아는 거
있어?

전혀….

일단 정말 미안하게 생각해.

Sorry!

처음 프랑스어의 형용사를 만들 때는
일이 이렇게까지 커질 줄은 몰랐어….

고양이
요정 살려!

형용사

하지만 형용사에 성별을 붙인 데에는
내 나름대로 합리적인 이유가 있었어.

그러니까
옛날 하고도
옛날…

중동에 다녀온 요정이 사막에서 모래를
가져왔어.

들고 오느라
어깨 나가는 줄
알았다니까.

중동표
청결 모래

우리는 그 모래를 사용해서 처음으로
남자 화장실과 여자 화장실을 지었어.

단정한　　단정한

그런데 장난꾸러기 요정이 화장실에 붙은
성별 기호를 떼서 달아나 버렸지.

단정한　　단정한

크크큭….

어휴, 정말 혼란의 카오스였어.

단정한　　단정한

어디가
어디야…

그래서 우리는 여자 화장실에 쓰인 형용사의 끝을 좀 바꿔줬어. 여기서부터는 프랑스어로 보여줄게.

여자 화장실에 별도의 표시를 해 주고 나니 다들 화장실을 잘 찾아가더군.

그리고 그날의 충격 때문에 요정들은 형용사를 2가지 모양으로 쓰기 시작했어.

정리를 하면 '단정한'은 형용사고 '요정'은 명사야.

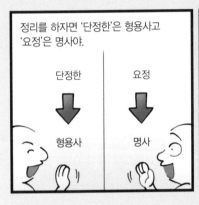

형용사는 명사를 꾸미는 역할을 해.

꾸미는 역할의 형용사에다가 성 구분을 해 준다는 거야. 명사는 그냥 두는 거고.

아무튼, 어느새 요정들은 모든 형용사를 남성 전용과 여성 전용으로 나눴어.

그러던 어느 날, 요정 하나가 신에게 커다란 바위를 선물 받았는데

'커다란 바위'라고 표현하려다가 멈칫한 거야.

바위는 남자일까, 여자일까?

그걸 모르니 남성 형용사도 여성 형용사도 붙여줄 수 없었어.

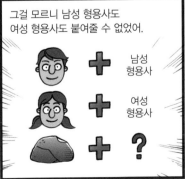

그래, 미처 생각지 못했던 문제를 만나게 된 거지.

여기서부터는 새로운 이야기가 시작돼!

요정들은 밤을 새워가며 회의를 했고

그냥 사물도 성별을 나누자!

있는 사물들 전부 나누는 거지? 기준은 뭐야?

근데 이거 나중에 큰일 날 거 같은데.

그렇게 회의한 결과…

나 이제 퇴근해…

놀라지 말고 잘 들어?

세상 모든 사물을 남성과 여성으로 나눠 주기로 해 버렸어!

와글

시끌

와글

엄청난 대작업이었어!

참! 직업도 명사니까 남녀 구분할게.

사물에 남성과 여성을 어떻게 정하느냐고?

기준이 뭘까?

그래서 그냥 아무렇게나 정해버렸어. 미안해. 여러분은 앞으로 고생 좀 할 거야.

헤헷!

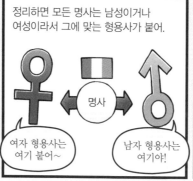

정리하면 모든 명사는 남성이거나 여성이라서 그에 맞는 형용사가 붙어.

명사

여자 형용사는 여기 붙어~

남자 형용사는 여기야!

나누는 작업은 힘들었지만 완성된 걸 보니 뿌듯했지 뭐야.

크, 이제 살 것 같다~

건배~

그러던 어느 날 또 다른 문제가 발생했어.

정처없이 떠돌기도 소리치

직업 역시 명사이므로 성별이 결정되어 있었는데

경찰관

의사

요리사

경호원

➡ 만화는 148쪽에서 계속 이어집니다.

영어의 have는 '가지다'라는 의미와 과거 완료 시제로 쓰이는데, 그래서인지 다른 동사들보다 자주 사용합니다. 프랑스어에도 이와 같은 동사가 있습니다. 바로 **Avoir**[아부ᵛ아흥] 동사인데요, 크게 두 가지 용법이 있답니다.

　　1 가지고 있다.
　　2 1회성 과거 시제　Avoir+p.p

이외에도 실생활에서 '~하다'는 뜻으로 쓰이기도 하는 등 여러 가지 쓰임을 지니고 있답니다. 하지만 이 팁에서는 첫 번째, **"가지고 있다"**라는 의미의 뜻만 공부해 보기로 합시다.

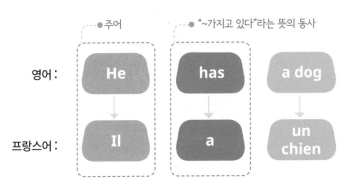

원형은 Avoir이지만 주어가 누구냐에 따라 6가지 형태로 변화합니다. 외우기 조금 힘드시더라도, 다음 페이지의 내용을 꼭 암기해두셔야 합니다.

Avoir 동사의 부정문 만들기

Avoir 동사 부정문은 Être 동사처럼 'ne~pas'를 붙이면 됩니다.

| Il | a | une voiture | 부정문의 부정관사 'de' |

▶ | Il | n' | a | pas | de voiture |

Avoir 동사의 의문문 만들기

Avoir 동사 의문문을 만드는 방법에는 다음 세 가지가 있습니다.

1 평서문 끝에 '?'를 붙여라.
2 평서문 앞에 'Est-ce que'를 붙여라.
3 평서문의 주어와 동사 위치를 바꿔라.

Avoir + 관사 생략

셀 수 없는 명사에 전용으로 붙이는 관사, 기억하시나요?
그런데 몇몇 명사는 Avoir 뒤에서 관사를 생략합니다. 예외적인 표현, 혹은 **관용표현**이라고도 부르죠.

J'ai faim.
나는 배고프다.

이러한 명사에는 다음과 같은 것들이 있습니다. 외울 필요 없습니다. 그냥 이해만 하세요.

• **faim** [팡f] : 배고픔　• **soif** [수아프f] : 목마름　• **froid** [프f후아] : 추위　• **chaud** [쇼] : 더위　• **sommeil** [쏘메이유] : 잠

I have = J'ai [줴]

남성　여성　성별무관

J' ai ~
[줴]

나는 ~ 가지고 있습니다

Nous avons ~
[누 (ㅈ)아봉V]

우리는 ~ 가지고 있습니다

On a ~
[옹 나]

우리는 ~ 가지고 있습니다

'on'은 'nous'와 같은 뜻인 '우리'를 의미하는 표현인데, 'nous'에 비해 격식을 덜 차릴 때 사용합니다. 보통 가족이나 친구들과 같은 친한 사이에서 사용합니다. 특이한 점은 3인칭 단수 취급을 한다는 것입니다. 다시 말해 진짜 3인칭 단수인 Il이나 Elle처럼 그 뒤에 'a'가 사용된다는 것입니다.

1인칭

Tu as ~
[뛰 아]

너는 ~ 가지고 있다

Vous avez ~
[부V (ㅈ)아베V]

당신은 ~ 가지고 있습니다

Vous avez ~
[부V (ㅈ)아베V]

여러분은 ~ 가지고 있습니다

2인칭

Il a ~
[일 아]

그는 ~ 가지고 있습니다

Elle a ~
[엘 아]

그녀는 ~ 가지고 있습니다

Ils ont ~
[일 (ㅈ)옹]

그들은 ~ 가지고 있습니다

Elles ont ~
[엘 (ㅈ)옹]

그녀들은 ~ 가지고 있습니다

3인칭

① 무슨 일이야?

CHARLES

Qu'est-ce que tu as?
께스끄 / 뛰 아?
무엇 의문 / 너는 가지고 있다?

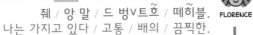

FLORENCE

J'ai un mal de ventre terrible.
줴 / 앙 말 / 드 벙vㅌ흐 / 떼히블.
나는 가지고 있다 / 고통 / 배의 / 끔찍한.

Tu as des médicaments pour les maux de ventre?
뛰 아 / 데 메디꺄멍 / 뿌흐 / 올레 모 / 드 벙vㅌ흐?
너는 가지고 있다 / 약들 / ~위한 / 고통 / 배의?

◁ **de**
'~의'를 뜻하는 'de'를 3단원부터는 따로 분리해서 번역하지 않겠습니다. 지금 기억해두세요.

◁ **mal, maux**
명사로 쓰이는 **mal** (고통)은 복수 형태가 불규칙적입니다. 프랑스어의 명사는 대부분 **-s**만 붙이면 복수 형태가 되지만, **mal** 의 복수형은 **maux**입니다.

CHARLES

Non, je n'ai pas de médicaments.
농, 쥬 / 네 / 빠 / 드 메디꺄멍.
아니, 나는 / 부정 가지고 있다 / 부정 / 약들을.

FLORENCE

Est-ce qu'il y a un hôpital près d'ici?
에스낄 이 아 / 앙 (ㄴ)오삐딸 / 프헤 / 디씨?
의문 ~이 있다 / 병원 / 근처에 / 여기?

CHARLES

Oui, ce n'est pas très loin d'ici.
위, 쓰 / 네 빠 / 트헤 을루앙 / 디씨.
응, 이것은 / 부정 이다 부정 / 많이 먼 / 여기.

Je t'accompagne jusque là-bas.
쥬 / 따꽁빠뉴 / 쥐스끄 / 올라 바.
내가 / 너를 데려다 주다 / ~까지 / 그곳.

C : 무슨 일이야?
F : 지금 배가 끔찍하게 아파.
　　배 아플 때 먹는 약 있어?
C : 아니, 약 하나도 없어.
F : 이 주변에 병원이 있어?
C : 응, 여기서 멀지 않아.
　　내가 거기까지 데려다 줄게.

J'ai mal à la tête.
줴 말 아 올라 떼뜨
나는 머리가 아파.

2 뻥치지 마

PIERRE
Tu peux me prêter de l'argent?
뛰 뾔 / 므 프헤떼 / 드 을라흐정?
너는 할 수 있다 / 나에게 빌려주는 것 / 돈?

Pour quoi faire?
뿌흐 / 꾸아 / 페f흐?
~위해서 / 무엇을 / 하다?

MATHIEU

PIERRE
Je veux acheter un ordinateur
mais je n'ai pas d'argent.
쥬 뵈v / 아슈떼 / 앙 (ㄴ)오흐디나뙤흐 / 메 / 쥬 / 네 빠 / 다흐정.
나는 원하다 / 사는 것을 / 컴퓨터 하나 / 하지만 /
나는 [부정] 가지고 있다 [부정] / 돈.

Non, je n'ai pas d'argent non plus.
농, 쥬 / 네 빠 / 다흐정 / 농 쁠뤼.
아니, 나는 / [부정] 가지고 있다 [부정] / 돈 / 더.

MATHIEU

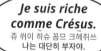
Je suis riche comme Crésus.
쥬 쒸이 히슈 꼼므 크헤쥐쓰
나는 대단히 부자야.

PIERRE
Ne rigole pas avec moi.
느 히골 빠 / 아베v끄 / 무아.
[부정] 장난치다 [부정] / ~와 함께 / 나.

Je sais que tu as de l'argent.
쥬 쎄 / 끄 / 뛰 아 / 드 을라흐정.
나는 알다 / (접속사) / 네가 가지고 있다는 것 / 돈.

C'est vrai. J'ai de l'argent.
쎄 / 브v헤. 줴 / 드 을라흐정.
그것은 ~이다 / 사실. 나는 가지고 있다 / 돈.

MATHIEU

Mais je n'ai pas d'argent pour toi.
메 / 쥬 / 네 빠 / 다흐정 / 뿌흐 / 뚜아.
하지만 / 나는 / [부정] 가지고 있다 [부정] / 돈 / ~위한 / 너를.

◀ **de l'argent**

argent은 프랑스어로 **'은'**이라는 뜻입니다. 그런데 왜 '은'이 '돈'이라는 뜻도 되는지 아나요?
예전에는 돈이 금으로 만든 동전과 은으로 만든 동전으로 구성이 되어 있었는데, 이로 인해서 '은'이라는 단어가 **'돈'**이라는 뜻도 가지게 된 것으로 알려져 있습니다.

P : 나 돈 좀 빌려줄 수 있어?
M : 뭐하려고?
P : 컴퓨터를 사고 싶은데 돈이 하나도 없어.
M : 아니, 나도 돈이 없어.
P : 뻥치지 마.
    너 돈 있는 거 다 알아.
M : 맞아. 나는 돈이 있어.
    하지만 너를 위한 돈은 없어.

03

6가지 모양의
일반 동사

**même propriété,
différentes formes.**
같은 성질, 다른 모양.

한눈에 배운다!
규칙 변화 동사

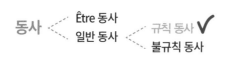

동영상 강의

지금까지 우리는 Être 동사에 대해 공부했습니다. 이제부터는 일반 동사에 대해서 알아보겠습니다. Être 동사는 무엇과 무엇이 '똑같다'는 의미입니다. 반면 누군가의 행동을 나타낼 때는 수백 개의 **일반 동사** 중 하나를 골라서 사용합니다.

영어의 일반 동사는 원형과 3인칭 단수형 뿐입니다.

does
3인칭
단수형

do
원형

하지만 프랑스어의 일반 동사는 원형이 따로 있고
주어에 따라 6가지로 변화합니다.

1인칭 복수형

1인칭 단수형

2인칭 단수형

원형

3인칭 복수형

2인칭 복수형

3인칭 단수형

TIP

《 더 알아 봅시다   **1군 동사 형태 변화**

-er verb
- Je   -e   • Tu   -es
- Il/Elle -e   • Nous -ons
- Vous -ez   • Ils/Elles -ent

《 더 알아 봅시다   **2군 동사 형태 변화**

-ir verb
- Je   -is   • Tu   -is
- Il/Elle -it   • Nous -issons
- Vous -issez • Ils/Elles -issent

Finir [피니흐] 끝내다

Je	finis	[쥬 피f니]
Tu	finis	[뛰 피f니]
Il	finit	[일 피f니]
Nous	finissons	[누 피f니쏭]
Vous	finissez	[부v 피f니쎄]
Ils	finissent	[일 피f니쓰]

《 읽어 보세요   **동사 변화에 대한 조언 1 마음을 비우세요**

이 단원에서 우리는 동사가 6가지로 변화하는 내용에 대해 배우고 있습니다. 하지만 사실 이 6가지 변화는 현재형에 국한된 이야기입니다. 동사에는 현재형 외에도 과거형, 과거 분사형 등 여러 가지 형태가 있고, 이 형태마다 다시 주어에 따른 6가지 변화가 일어납니다. 프랑스어만 그런 것이 아닙니다. 영어를 제외한 다른 유럽어들 대부분 동사가 수십 가지로 변화합니다. 그렇기 때문에 이 모든 변화를 외우려 드는 것은 좋지 않습니다. 우선 현재형, 그중에서도 자주 사용되는 주어, 그중에서도 대략의 변화 스타일을 익혀두는 것 정도를 목표로 해야겠습니다.

프랑스어의 동사는 원형이 따로 있고 주어에 따라
6가지로 형태가 변화합니다. 정말 청천벽력 같은 소식이지요?

하지만 반가운 소식을 하나 알려드리려고 합니다.
바로 동사변화에도 '어느 정도'의 규칙이 있다는 사실이에요.

동사들을 보면, mang**er**, aim**er**처럼 끝이 **er로 끝나는 동사**들이 몇 있지요?
이런 동사들은 대부분 같은 방법으로 동사 형태가 변한답니다. 그럼 한번 살펴볼까요?

여기 동사들은 사용 빈도가
아주 높은 생활 속의 기초 동사!
소리 내어 여러 번 읽어서
입에서 술술 나오도록 익혀봐요~

ferm**er** [페f흐메] 닫다

Je	ferm**e**	쥬 페f흐므
Tu	ferm**es**	뛰 페f흐므
Il / Elle	ferm**e**	일 페f흐므
Nous	ferm**ons**	누 페f흐몽
Vous	ferm**ez**	부V 페f흐메
Ils / Elles	ferm**ent**	일 페f흐므

닫다(동사)   그 창문을

Je   ferme   la fenêtre

aimer [에메] 좋아하다

J'	aime	젬므
Tu	aimes	뛰 엠므
Il / Elle	aime	일 엠므
Nous	aimons	누 (ㅈ)에몽
Vous	aimez	부ᵛ (ㅈ)에메
Ils / Elles	aiment	일 (ㅈ)엠므

marcher [마흐쉐] 걷다

Je	marche	쥬 마흐슈
Tu	marches	뛰 마흐슈
Il / Elle	marche	일 마흐슈
Nous	marchons	누 마흐숑
Vous	marchez	부ᵛ 마흐셰
Ils / Elles	marchent	일 마흐슈

manger [멍제] 먹다

Je	mange	쥬 멍주
Tu	manges	뛰 멍주
Il / Elle	mange	일 멍주
Nous	mangeons	누 멍종
Vous	mangez	부ᵛ 멍제
Ils / Elles	mangent	일 멍주

parler [빠흘레] 말하다

Je	parle	쥬 빠흘르
Tu	parles	뛰 빠흘르
Il / Elle	parle	일 빠흘르
Nous	parlons	누 빠흘롱
Vous	parlez	부ᵛ 빠흘레
Ils / Elles	parlent	일 빠흘르

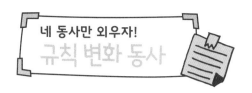

네 동사만 외우자!
규칙 변화 동사

따라 말하기

 새로운 단어에 동사 변화 규칙을 적용해 보세요.

donner [도네] 주다

Je	
Tu	
Il / Elle	
Nous	
Vous	
Ils / Elles	

acheter [아슈떼] 사다

J'	
Tu	
Il / Elle	
Nous	
Vous	
Ils / Elles	

chanter [성떼] 노래하다

Je	
Tu	
Il / Elle	
Nous	
Vous	
Ils / Elles	

danser [덩쎄] 춤추다

Je	
Tu	
Il / Elle	
Nous	
Vous	
Ils / Elles	

• 정답입니다! •
1 Je donne[쥬 돈] Tu donnes[뛰 돈] Il/Elle donne[일 돈]
Nous donnons[누 도농] Vous donnez[부 도네] Ils/Elles donnent[일 돈]
2 J'achète[자쉐뜨] Tu achètes[뛰 아쉐뜨] Il/Elle achète[일 아쉐뜨]
Nous achetons[누 (ㅈ)아슈똥] Vous achetez[부 (ㅈ)아슈떼] Ils/Elles achètent[일 (ㅈ)아쉐뜨]
3 Je chante[쥬 성뜨] Tu chantes[뛰 성뜨] Il/Elle chante[일 성뜨]
Nous chantons[누 성똥] Vous chantez[부 성떼] Ils/Elles chantent[일 성뜨]
4 Je danse [쥬 덩쓰] Tu danses[뛰 덩쓰] Il/Elle danse[일 덩쓰]
Nous dansons[누 덩쏭] Vous dansez[부 덩쎄] Ils/Elles dansent[일 덩쓰]

Practice
규칙 변화 동사 문장

 앞에서 배운 동사를 활용하여 문장을 만들어 보세요.

1 난 많이 먹어.

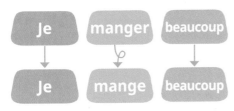

2 나는 그 가방을 좋아해.

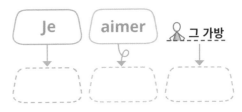

3 나는 자주 걸어.

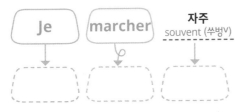

4 넌 말을 빨리해.

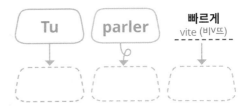

5 넌 노래를 잘해.

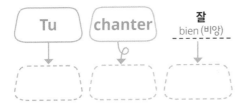

6 나는 책 한 권을 사.

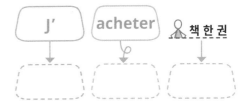

7 넌 선물을 줘.

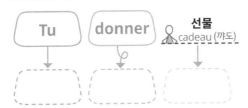

Practice

규칙 변화 동사 문장

따라 말하기

 앞에서 배운 동사를 활용하여 문장을 만들어 보세요.

1 당신은 선물을 줍니다.

2 나는 사과를 사.

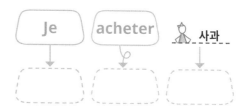

3 우리는 노래를 잘 해.

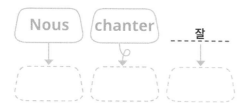

4 그는 춤을 잘 춰.

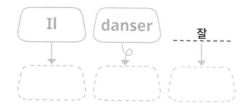

5 나는 꽃을 줘.

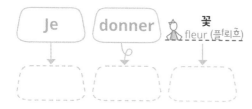

6 그녀들은 책을 사.

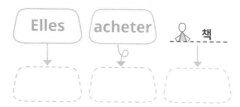

7 너는 춤을 자주 춰.

- 정답입니다!

1 Vous donnez un cadeau.
2 J'achète une pomme.
3 Nous chantons bien.
4 Il danse bien.
5 Je donne une fleur.
6 Elles achètent un livre.
7 Tu danses souvent.

Practice
규칙 변화 동사 문장

 앞에서 배운 동사를 활용하여 문장을 만들어 보세요.

1 난 축구를 좋아해.　　　J'aime le football. 🖉
- -

2 넌 텔레비전을 좋아해.
- -

3 넌 빨리 걸어.
- -

4 난 항상 노래를 불러.
- -

항상 : tout le temps 뚜 을르 떵

5 난 선물을 사.
- -

6 난 빵을 아주 좋아해.
- -

7 넌 말을 많이 해.
- -

8 난 샐러드를 먹어.
- -

9 난 우유를 자주 사.
- -

10 난 매일 걸어.
- -

매일 : Tous les jours 뚜 율레 주흐

·정답입니다!· ① J'aime le football. ② Tu aimes la télévision. ③ Tu marches vite. ④ Je chante tout le temps.
⑤ J'achète un cadeau. ⑥ J'aime beaucoup le pain. ⑦ Tu parles beaucoup.
⑧ Je mange une salade. ⑨ J'achète souvent du lait. ⑩ Je marche tous les jours.

한눈에 배운다!
꼭 필요한 불규칙 변화 동사

'나, 너'
변화만 외우자

모든 동사가 규칙적으로 변화하면 얼마나 좋을까요?
-er과 -ir처럼 말이죠. 하지만 안타깝게도 프랑스어에는 불규칙적으로 변화하는
동사가 훨씬 많답니다.
그러니 무조건 암기해두어야 하지요.

그럼 일상생활에서 자주 쓰이는 동사를 위주로,
불규칙 동사에 대해 한번 알아볼까요?

가다(동사)   파리에

Je   vais   à Paris

'aller'는 'er'로 끝나지만,
변화가 규칙적이지 않아서
불규칙 동사에 속한답니다.
그럼 한번 익혀볼까요?

aller [알레] 가다

Je	vais	쥬 베V
Tu	vas	뛰 바V
Il / Elle	va	일 바V
Nous	allons	누 (ㅈ)알롱
Vous	allez	부V (ㅈ)알레
Ils / Elles	vont	일 봉V

동영상 강의

 TIP

읽어 보세요 **가다 + 전치사**

Aller 동사를 '어느 목적지까지 가다'라는 의미로 사용하려면 aller **동사 뒤에 전치사를** 붙여야 하는데요, 크게 4가지가 있습니다.

1 Aller à
- 어느 물건이 목적지일 때 :
  Aller à table [따블르]
  (식탁에 앉다)
- 도시가 목적지일 때 :
  Aller à Paris [빠히]
  (파리에 가다)
- 어떠한 이동 수단을 사용할 때 :
  Aller à pied [삐에]
  (걸어가다)
  Aller à cheval [슈발V]
  (말을 타고 가다)

2 Aller en
- 또 다른 이동 수단을 사용할 때 :
  Aller en bus [뷔쓰]
  (버스를 타고 가다)
  Aller en avion [아비V옹]
  (비행기를 타고 가다)
- 남성형 명사의 국가들을 뺀
  거의 모든 국가들이 목적지일 때 :
  Aller en Corée du Sud [꼬헤 뒤 쒸드]
  (한국에 가다)

3 Aller au
- 남성형 명사의 국가들이 목적지일 때 :
  Aller au Japon [자뽕]
  (일본에 가다)
- 목적지가 정확한 곳일 때 :
  Aller au cinéma [시네마]
  (영화관에 가다)

4 Aller chez
- 목적지가 사람의 집일 때 :
  Aller chez Marie [마히]
  (마리의 집에 가다)
- 직업명 앞일 때 :
  Aller chez le dentiste [덩띠스뜨]
  (치과에 가다)

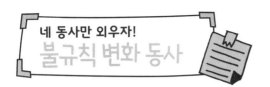

네 동사만 외우자!
불규칙 변화 동사

따라 말하기

venir [브ᵛ니흐] 오다

Je	viens	쥬 비ᵛ앙
Tu	viens	뛰 비ᵛ앙
Il / Elle	vient	일 비ᵛ앙
Nous	venons	누 브ᵛ농
Vous	venez	부ᵛ 브ᵛ네
Ils / Elles	viennent	일 비ᵛ엔느

voir [부ᵛ아흐] 보다

Je	vois	쥬 부ᵛ아
Tu	vois	뛰 부ᵛ아
Il / Elle	voit	일 부ᵛ아
Nous	voyons	누 부ᵛ아이용
Vous	voyez	부ᵛ 부ᵛ아이에
Ils / Elles	voient	일 부ᵛ아

faire [페ᶠ흐] 만들다 (하다)

Je	fais	쥬 페ᶠ
Tu	fais	뛰 페ᶠ
Il / Elle	fait	일 페ᶠ
Nous	faisons	누 프ᶠ종
Vous	faites	부ᵛ 페ᶠ뜨
Ils / Elles	font	일 퐁ᶠ

dire [디흐] 말하다

Je	dis	쥬 디
Tu	dis	뛰 디
Il / Elle	dit	일 디
Nous	disons	누 디종
Vous	dites	부ᵛ 디뜨
Ils / Elles	disent	일 디즈

불규칙 변화 동사 문장

 앞에서 배운 동사를 활용하여 문장을 만들어 보세요.

1 난 파리에 가.

Je	aller	à Paris
Je	vais	à Paris

2 난 서울에서 와.

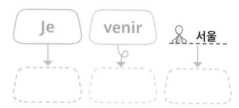

Je	venir	서울

3 난 눈이 잘 안 보여.

Je	voir	나쁘게 mal (말)

4 넌 스키를 타.

Tu	faire	스키

스키를 타다 : Faire du ski 페흐 뒤 스끼

5 난 진실을 말해.

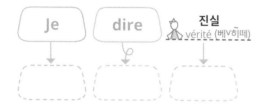

Je	dire	진실 vérité (베V히떼)

6 난 영화관에 가.

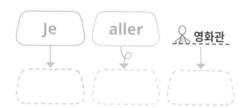

Je	aller	영화관

7 난 매일 노래해.

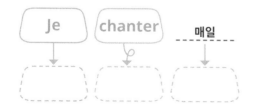

Je	chanter	매일

• 정답입니다!

1 Je vais à Paris.
2 Je viens de Séoul.
3 Je vois mal.
4 Tu fais du ski.
5 Je dis la vérité.
6 Je vais au cinéma.
7 Je chante tous les jours.

따라 말하기

 앞에서 배운 동사를 활용하여 문장을 만들어 보세요.

1   나는 부산에서 와.   Je viens de Busan.
----

2   그는 매일 학교에 가.

학교 : école 에꼴

3   그는 항상 진실을 말해.
----

4   그녀는 스키를 타.
----

5   나는 학교에서 오는 길이야.
----

6   넌 영화관에 자주 가는구나.
----

7   난 친구를 만나.

친구 : ami 아미   amie 아미

8   그녀는 눈이 잘 보여.
----

9   그는 주말마다 영화관에 가.

주말마다 : tous les week-ends 뚜 을레 위껜드

10   그들은 스키를 타.

· 정답입니다! · 1 Je viens de Busan. 2 Il va à l'école tous les jours. 3 Il dit toujours la vérité. 4 Elle fait du ski.
5 Je viens de l'école. 6 Tu vas souvent au cinéma. 7 Je vois un ami. 8 Elle voit bien.
9 Il va au cinéma tous les week-ends. 10 Ils font du ski.

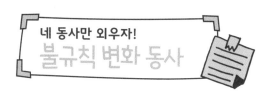

네 동사만 외우자!
불규칙 변화 동사

따라 말하기

boire [부아흐] 마시다

Je	bois	쥬 부아
Tu	bois	뛰 부아
Il / Elle	boit	일 부아
Nous	buvons	누 뷔봉V
Vous	buvez	부V 뷔베V
Ils / Elles	boivent	일 부아브V

ouvrir [우브V히흐] 열다

J'	ouvre	쥬브V흐
Tu	ouvres	뛰 우브V흐
Il / Elle	ouvre	일 우브V흐
Nous	ouvrons	누 (ㅈ)우브V홍
Vous	ouvrez	부V (ㅈ)우브V헤
Ils / Elles	ouvrent	일 (ㅈ)우브V흐

vendre [벙V드흐] 팔다

Je	vends	쥬 벙V
Tu	vends	뛰 벙V
Il / Elle	vend	일 벙V
Nous	vendons	누 벙V동
Vous	vendez	부V 벙V데
Ils / Elles	vendent	일 벙V드

vouloir [불V루아흐] 원하다

Je	veux	쥬 뵈V
Tu	veux	뛰 뵈V
Il / Elle	veut	일 뵈V
Nous	voulons	누 불V롱
Vous	voulez	부V 불V레
Ils / Elles	veulent	일 뵐V르

 앞에서 배운 동사를 활용하여 문장을 만들어 보세요.

1 그는 가게를 열어.

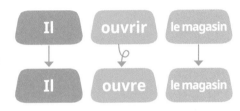

| Il | ouvrir | le magasin |
| Il | ouvre | le magasin |

2 나는 커피를 마셔.

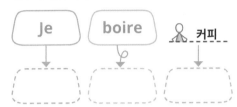

| Je | boire | 커피 |

3 그녀는 문을 열어.

| Elle | ouvrir | 문 porte (뽀흐뜨) |

4 그들은 가방을 팔아.

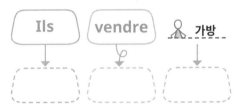

| Ils | vendre | 가방 |

5 난 맥주 한 잔을 원해.

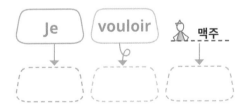

| Je | vouloir | 맥주 |

6 그들은 와인을 원해.

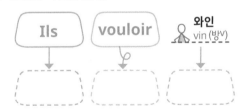

| Ils | vouloir | 와인 vin (방V) |

7 우리는 치즈를 팔아.

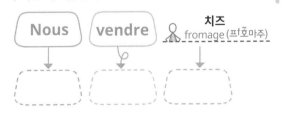

| Nous | vendre | 치즈 fromage (프f호마주) |

·정답입니다!·

1 Il ouvre le magasin.
2 Je bois du café.
3 Elle ouvre la porte.
4 Ils vendent des sacs.
5 Je veux une bière.
6 Ils veulent du vin.
7 Nous vendons du fromage.

Practice
불규칙 변화 동사 문장

따라 말하기

 앞에서 배운 동사를 활용하여, 다음 문장들을 프랑스어로 적어 보세요.

1 나는 맥주를 마신다.　　Je bois de la bière. ✎

---

2 그녀는 과일을 판다.

과일 : fruits 프ᄒ휘이 👤

3 그는 문을 연다.

---

4 그들은 가방을 판다.

---

5 난 커피를 마신다.

---

6 그녀는 가게를 연다.

---

7 우리는 와인을 원한다.

---

8 그들은 맥주를 마신다.

---

9 그녀는 차 한 대를 원한다.

---

10 나는 창문을 연다.

창문 : fenêtre 프네트흐 👤

· 정답입니다! · **1** Je bois de la bière. **2** Elle vend des fruits. **3** Il ouvre la porte. **4** Ils vendent des sacs.
5 Je bois du café. **6** Elle ouvre le magasin. **7** Nous voulons du vin. **8** Ils boivent de la bière.
9 Elle veut une voiture. **10** J'ouvre la fenêtre.

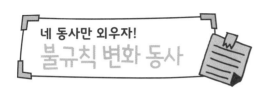

네 동사만 외우자!
불규칙 변화 동사

따라 말하기

lire [을리흐] 읽다, 책을 읽다

Je	lis	쥬 을리
Tu	lis	뛰 을리
Il / Elle	lit	일 을리
Nous	lisons	누 을리종
Vous	lisez	부V 을리제
Ils / Elles	lisent	일 을리즈

écrire [에크히흐] 쓰다

J'	écris	제크히
Tu	écris	뛰 에크히
Il / Elle	écrit	일 에크히
Nous	écrivons	누 (ㅈ)에크히봉V
Vous	écrivez	부V (ㅈ)에크히베V
Ils / Elles	écrivent	일 (ㅈ)에크히브V

prendre [프헝드흐]
잡다, 먹다, 마시다, (탈 것을)타다

Je	prends	쥬 프헝
Tu	prends	뛰 프헝
Il / Elle	prend	일 프헝
Nous	prenons	누 프흐농
Vous	prenez	부V 프흐네
Ils / Elles	prennent	일 프헨느

attendre [아떵드흐] 기다리다

J'	attends	쟈떵
Tu	attends	뛰 아떵
Il / Elle	attend	일 아떵
Nous	attendons	누 (ㅈ)아떵동
Vous	attendez	부V (ㅈ)아떵데
Ils / Elles	attendent	일 (ㅈ)아떵드

Practice
불규칙 변화 동사 문장

 앞에서 배운 동사를 활용하여 문장을 만들어 보세요.

1 나는 책 한 권을 읽는다.

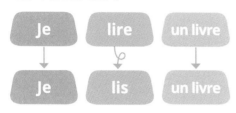

2 그녀는 편지를 쓴다.

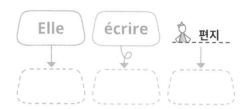

3 그는 그 버스를 탄다.

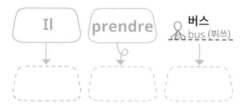

4 나는 친구를 기다린다.

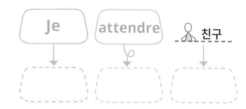

5 그녀는 커피를 마신다.

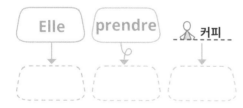

6 나는 목욕을 한다.

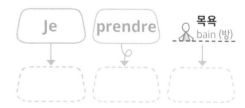

7 나는 책을 쓴다.

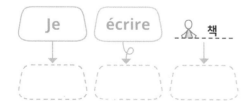

· 정답입니다! ·

1 Je lis un livre.
2 Elle écrit une lettre.
3 Il prend le bus.
4 J'attends un ami.
5 Elle prend un café.
6 Je prends un bain.
7 J'écris un livre.

 앞에서 배운 동사를 활용하여 문장을 만들어 보세요.

1 그녀는 신문을 읽는다. **Elle lit un journal.** ✎

신문 : journal 주호날 👤

2 그는 편지를 쓴다.

3 나는 친구를 기다린다.

4 그는 소설 한 권을 쓴다.

소설 : roman 호멍 👤

5 나는 그 버스를 탄다.

6 그들은 빵을 먹는다.

7 그녀들은 그 버스를 기다린다.

8 나는 매일 목욕을 한다.

9 당신은 책을 많이 읽는다.

10 우리는 커피를 마신다.

·정답입니다!· ① Elle lit un journal. ② Il écrit une lettre. ③ J'attends un ami. ④ Il écrit un roman.
⑤ Je prends le bus. ⑥ Ils mangent du pain. ⑦ Elles attendent le bus.
⑧ Je prends un bain tous les jours. ⑨ Vous lisez beaucoup. ⑩ Nous prenons un café.

한눈에 배운다!
영어의 to 부정사

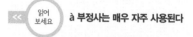

à 부정사

영어에는 동사 앞에 붙이는 to가 있습니다.
to + 동사원형은 **명사** 역할을 합니다. 이럴 때 사용되는 to를
to 부정사라고 부릅니다. 부정사라는 말은 '정해져 있지 않고 변화한다'는
의미입니다.

I learn <u>to cook</u>. → to + 동사원형 = 명사

나는   배운다   요리하기를

프랑스어에도 to 부정사 역할을 하는 à부정사와 de 부정사가 있습니다.
이 두 가지 부정사는 문장에서 완벽히 같은 역할을 하지만, 어떤 경우에 à 부정사
혹은 de 부정사를 사용해야 하는지에 관한 명확한 기준은 없습니다. 다만, 문장의
동사가 무엇이냐에 따라 à 또는 de를 사용하므로, 다이얼로그를 통해서 동사와 뒤
따르는 부정사의 형태에 익숙해져야 합니다.

▶ 나는 춤추기를 시작해(I start to dance).

| Je 나는 | commence 시작하다 | à | danser 춤추기를 |

▶ 나는 춤추기를 결정해(I decide to dance).

| Je 나는 | décide 결정하다 | de | danser 춤추기를 |

à 부정사가 가장 자주 사용되는 의미의 문장은 '무얼 하기를 원한다'입니다.
그런데 정작 '무얼 하기를 원한다'고 말할 때는
à 부정사를 생략하고 말합니다.

▶ 나는 먹기를 원해 (I want to eat).

| Je 나는 | veux 원해 | ∅ | manger 먹기를 |

▶ 나는 자기를 원해 (I want to sleep).

| Je 나는 | veux 원해 | ∅ | dormir 자기를 |

 읽어보세요
à 부정사는 매우 자주 사용된다

à 부정사는 매우 유용합니다. 왜일까요?
예를 들어 우리가 무언가를 좋아한다고
할 때 그것은 여러 가지 사물일 수도 있
지만, 때로는 사물이 아닌 행동, 예를 들
어 아침 햇살 보기나 낮잠 자기, 혹은 저
녁식사 후 산책하기일 수도 있습니다. 그
런데 이들은 모두 동사이기 때문에 <u>à 부
정사를 사용해서 명사화시켜줘야 합니다.</u>

읽어보세요
왜 동사원형인가?

동사에는 '원형'이 있고 이를 변화시켜 만드
는 '변형'이 있습니다. 여기서 '변형'을 만
드는 방법의 하나가 바로 à 부정사를 붙여
주는 것이죠. 그러므로 이러한 à 부정사를
이미 변형된 동사에 붙여주는 것은 어색한
일이겠죠? 굳이 말하자면 '변변형' 동사가
되어버릴 것입니다. 그러니 잊지 마세요. à
부정사는 항상 '동사원형'에만 붙여줍니다.

 읽어보세요
**à 부정사와 to 부정사의
신기한 관계**

프랑스어의 à 부정사는 영어의 to 부정
사와 같습니다. 이 둘은 당연히 의미도 같
습니다. 그런데 영어에는 to 부정사 말고
전치사 to도 있죠. 프랑스어에도 역시
전치사 à가 있습니다. 그런데 신기한 것
은 전치사 to와 전치사 à의 의미도 비슷
하다는 것입니다.

영어의 전치사 to = 프랑스어의 전치사 à

따라 말하기

 앞에서 배운 내용을 활용하여 문제를 풀어보세요.

1 나는 공부하기를 원해.

Je　veux　étudier

2 나는 잠자기 시작해.

3 나는 가기를 원해.

4 우리는 먹기를 원해.

5 나는 수영을 배워.

6 우리는 공부를 시작해.

7 나는 요리를 배워.

8 나는 읽기를 시작해.

9 우리는 공부하기를 원해.

10 나는 자기를 원해.

정답입니다! ① Je veux étudier. ② Je commence à dormir. ③ Je veux aller. ④ Nous voulons manger.
⑤ J'apprends à nager. ⑥ Nous commençons à étudier. ⑦ J'apprends à cuisiner.
⑧ Je commence à lire. ⑨ Nous voulons étudier. ⑩ Je veux dormir.

한눈에 배운다!
일반 동사 부정문

'느 ~ 빠' 만 붙이자

동영상 강의

앞에서 Être와 Avoir 동사를 가지고 부정문을 만들어 보았지요?
'ne ~ pas'만 이용하면 모든 문장을 부정문으로 만들 수 있었어요.

이번 단원에서는 Être와 Avoir 동사가 아닌, 다른 동사가 사용된 문장으로도
연습해 볼까요?

$$ne \sim pas = not$$

▶ 그는 그 여자아이를 좋아한다. [일 엠므 을라 피f유]

Il　aime　la fille

▶ 그는 그 여자아이를 좋아하지 않는다. [일 넴므 빠 을라 피f유]

Il　n'　aime　pas　la fille

이제 여러분은 모든 프랑스어 문장을 부정문으로 만들 수 있게 되었답니다.

부정문은
'느 빠 드'만 기억해

TIP

<< 더 알아 봅시다!　**프랑스어의 부정 표현**

프랑스어에서 부정문을 사용할 때 주로
'ne ~ pas' 구문을 사용하지만, 그 외에
다양한 표현들도 있습니다. 'ne ~ pas'
외에도 부정 대명사나 부정 형용사를 사
용한 부정문의 표현들을 알아봅시다!

① Je **ne** fume **jamais**.
　나는 절대 담배를 피우지 않는다.

② Je **ne** fume **plus**.
　나는 더 이상 담배를 피우지 않는다.

③ Je **ne** veux **rien**.
　나는 아무것도 원하지 않는다.

④ Je **n'**ai **aucun** ami.
　나는 친구가 한 명도 없다.

⑤ Je **ne** vois **personne**.
　나는 아무도 안 보인다.

⑥ Je **ne** vais **nulle part**.
　나는 아무 데도 가지 않는다.

위의 표현들을 사용하는 데는 두 가지 규
칙이 있습니다.

1. 부정 표현을 'ne+동사' 뒤에 써 준다.
Je ne joue plus.
[쥬 느 주 쁠뤼]
나는 더 이상 놀지 않습니다.

**2. 동사가 두 개가 있을 경우 부정은
첫 번째 동사 주위에 배치된다.**
Nous ne sommes jamais allés
en Italie.
[누 느 쏨므 자메 알레(ㅈ)앙 이딸리]
우리는 이탈리아에 한 번도 가보지 않았습니다.

<< 더 알아 봅시다　**부정문의 부정관사 de**

부정관사 une이 Avoir부정문에서 de로
바뀌었습니다.

* **le, la, les**는 부정문에서 **de**로 변하지
않습니다.

Practice
일반 동사 부정문

따라 말하기

 앞에서 배운 동사를 활용하여 문장을 만들어 보세요.

1 그녀는 스키를 타지 않는다.　　　Elle ne fait pas de ski. ✎

스키 : Ski 스끼 👤

2 나는 맥주를 좋아하지 않는다.
----

3 당신은 버스를 기다리지 않습니다.
----

4 너는 프랑스어를 할 줄 모른다.

일반 동사 부정문의 부정관사는 de로 바뀐다.

5 나는 우유를 원하지 않는다.

우유 : Lait 을레 👤

6 우리는 와인을 팔지 않는다.
----

7 나는 커피를 마시지 않는다.
----

8 그들은 오면 안 된다.
----

9 그녀는 문을 열지 않는다.
----

10 당신들은 치즈를 원하지 않는다.

·정답입니다!· 1 Elle ne fait pas de ski. 2 Je n'aime pas la bière. 3 Vous n'attendez pas le bus.
4 Tu ne parles pas français. 5 Je ne veux pas de lait. 6 Nous ne vendons pas de vin.
7 Je ne bois pas de café. 8 Ils ne doivent pas venir. 9 Elle n'ouvre pas la porte.
10 Vous ne voulez pas de fromage.

Let's start 한눈에 배운다!
일반 동사 의문문
'?' 만 붙이자

동영상 강의

TIP

앞서 Être 동사로 의문문을 만들어 보았지요?
이번에는 다른 일반 동사로 의문문을 복습해 보겠습니다.

방법 1 '?'를 붙여라.

평서문 끝에 '?'를 붙이고, 문장 끝을 올려 발음해 주세요.

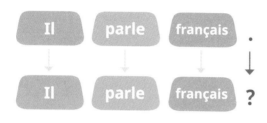

낯선 이에게 길을 물을 땐 '에스끄~'로 시작.

방법 2 'Est-ce que'를 붙여라.

문장 맨 앞에 Est-ce que를 붙여주세요.

《 읽어
보세요 **e + 모음 축약**

Que 다음에 모음이 오면 e를 축약합니다.

Que il → Qu'il

방법 3 주어와 동사 위치를 바꿔라.

주어와 동사의 자리를 바꾼 후, '-'로 연결해주세요.
주어와 동사 위치 바꾸기 의문문은 이렇게 만들었지요?

《 읽어
보세요 **t의 활용**

프랑스어는 모음이 겹치는 것을 싫어한답
니다. 그래서 **모음이 충돌할 경우, 자음 t**
를 넣어 발음하기 쉽게 만들어 준답니다.

Practice
일반 동사 의문문

따라 말하기

 앞에서 배운 동사를 활용하여 문장을 만들어 보세요.

방법 2

1 너 맥주 좋아하니?

( ) **tu** **aimes** **la bière** **?**

2 그는 사과를 먹니?

?

사과 : pomme 뽐므

3 당신은 버스를 기다리고 있나요?

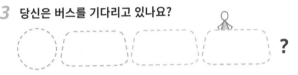

?

4 그녀는 와인을 마시나요?

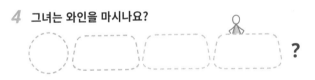

?

5 그들은 불어를 할 줄 아나요?

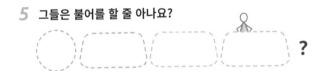

?

· 정답입니다! · (방법2) ① Est-ce que tu aimes la bière? ② Est-ce qu'il mange une pomme?
③ Est-ce que vous attendez le bus? ④ Est-ce qu'elle boit du vin? ⑤ Est-ce qu'ils parlent français?

(방법3) ① Aimes-tu le riz? ② Mange-t-il du chocolat? ③ Vont-elles à l'université?
④ Parlez-vous français? ⑤ Aiment-ils la pizza? ⑥ Attends-tu le bus?
⑦ Mangent-ils des pommes? ⑧ Aimes-tu le sport? ⑨ Fait-elle du ski?
⑩ Va-t-elle au restaurant?

1 너 밥 좋아하니?

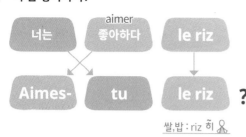

쌀,밥 : riz 히

2 그는 초콜릿을 먹니?

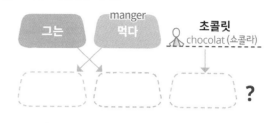

3 그녀들은 대학교에 가니?

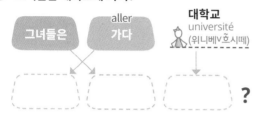

4 당신은 프랑스어를 하시나요?

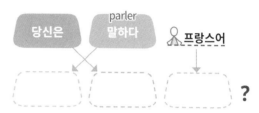

5 그들은 피자를 좋아하니?

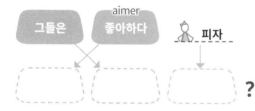

6 너는 버스를 기다리고 있니?

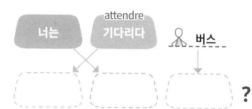

7 그들은 사과를 먹고 있니?

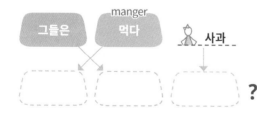

8 너는 스포츠를 좋아하니?

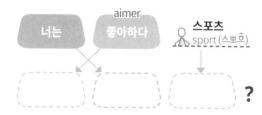

9 그녀는 스키를 타니?

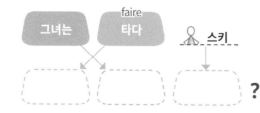

10 그녀는 식당에 가니?

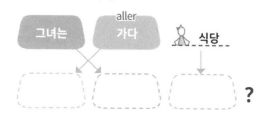

1 나도 너도 사과를 좋아해.

 PIERRE

J'aime les pommes.
젬므 / 을레 뽐므.
나는 좋아하다 / 사과.

Tu aimes les pommes?
뛰 엠므 / 을레 뽐므?
너는 좋아하다 / 사과?

 CAROLINE

Oui, j'aime les pommes moi aussi.
위, 젬므 / 을레 뽐므 / 무아 오씨.
응, 나는 좋아하다 / 사과 / 나 또한.

 PIERRE

Toi et moi, nous aimons les pommes.
뚜아 에 무아, 누 (ㅈ)에몽 / 을레 뽐므.
너와 나, 우리는 좋아하다 / 사과.

Robert, il n'aime pas les pommes.
호베흐, 일 넴므 빠 / 을레 뽐므.
로버트(남성이름), 그는 좋아하지 않는다 / 사과.

 CAROLINE

**Margot, elle n'aime pas
les pommes non plus.**
마흐고, 엘 넴므 빠 / 을레 뽐므 / 농 쁠뤼.
마르고(여성이름), 그녀는 좋아하지 않는다 / 사과 / 더 이상.

 PIERRE

**Robert et Margot, ils n'aiment pas
les pommes.**
호베흐 에 마흐고, 일 넴므 빠 / 을레 뽐므.
로버트와 마르고, 그들은 좋아하지 않는다 / 사과.

P : 나는 사과를 좋아해.
　　너는 사과를 좋아하니?
C : 응, 나도 사과를 좋아해.
P : 너와 나, 우리는 사과를 좋아해.
　　로버트는 사과를 좋아하지 않아.
C : 마르고도 사과를 좋아하지 않아.
P : 로버트와 마르고, 그들은 사과를 좋아하지 않아.

◀ **moi aussi & moi non plus**
두 표현 모두 '나도'라는 뜻입니다. 하지만 moi aussi는 긍정문에서, moi non plus는 부정문에서 사용됩니다.

J'aime les pommes moi aussi.
: 나도 사과를 좋아해.

Je n'aime pas les pommes non plus.
: 나도 사과를 좋아하지 않아.

J'aime les bananes.
젬므 을레 바난느
나는 바나나를 좋아해.

② 주말에 뭐 해?

DANIEL

Tu fais quoi pendant le week-end?
뛰 / 페f / 꾸아 / 뻥덩 / 을르 위(ㄲ)엔드?
너는 / 하다 / 무엇을 / ~ 동안 / 주말?

MATHIEU

Samedi, je sors avec ma petite amie et le dimanche, je fais du vélo.
쌈디, 쥬 쏘흐 / 아베V끄 / 마 쁘띳 (ㄸ)아미 /
에 / 을르 디멍슈, 쥬 페f / 뒤 벨V로.
토요일에, 나는 나가 / ~와 함께 / 나의 여자친구 /
그리고 / 매주 일요일에, 나는 하다 / 자전거 타기.

Samedi et le samedi

관사 없이 'samedi'라고 말하면 '이번 주 토요일'이라는 뜻이 되고, 'samedi' 앞에 관사 'le'를 붙여 말하면 '매주 토요일'이라는 뜻이 됩니다.

Samedi, je pique-nique dans un parc
쌈디, 쥬 삐끄니끄 / 덩 / ㅈ(앙) 빠흐끄 /
토요일에, 나는 소풍을 가다 / ~ 안에서 / 공원 /

puis je vais voir un film avec ma copine.
쀠이 / 쥬 / 베V 부V아흐 / 앙 필f므 / 아베V끄 / 마 꼬삔.
그리고 / 나는 / 볼 것이다 / 하나의 영화 / ~와 함께 / 내 여자친구.

◀ **Je vais voir un film avec ma copine.**

'나는 여자친구랑 영화를 볼 거야'라는 뜻입니다. 'aller'는 '가다'라는 뜻을 가지고 있지만, 근접한 미래에 대해서 말할 때 조동사로 사용되기도 합니다.

puis

'그리고'라는 의미로 'et'를 쓰기도 하고, 'puis'를 쓰기도 합니다.

Le dimanche, je fais du vélo avec des membres du club de cyclisme.
을르 디멍슈, 쥬 페f / 뒤 벨V로 / 아베V끄 /
데 멍브흐 / 뒤 끌럽 / 드 씨끌리즘.
매주 일요일에는, 나는 하다 / 자전거 타기 / ~와 함께 /
멤버들 / 동호회의 / 자전거.

Et toi, tu fais quoi ce week-end?
에 뚜아, 뛰 페f / 꾸아 / 쓰 위(ㄲ)엔드?
그리고 너, 너는 하다 / 무엇을 / 이번 주말?

D : 너 주말에 뭐 해?
M : 토요일에는 여자친구랑 데이트 하고
일요일에는 매주 자전거를 타.
토요일에는 여자친구랑 공원으로 소풍을 갔다
영화를 보러 갈 거야.
매주 일요일에는 자전거 동호회 멤버 몇 명이랑 자전거를 타.
너는 이번 주말에 뭐 해?

J'aime faire du vélo.
쥄므 페f흐 뒤 벨V로
나는 자전거 타는 것을 좋아해.

Samedi, je fais la fête et dimanche, je reste chez moi.

쌈디, 쥬 페f / 을라 페f뜨 / 에 / 디멍슈,
쥬 헤스뜨 / 쉐 무아.
토요일에, 나는 하다 / 파티를 / 그리고 / 일요일에,
나는 있다 / 내 집에.

Mon ami organise une grande fête samedi, on va s'amuser toute la nuit.

몽 (ㄴ)아미 / 오흐갸니즈 / 윈 그헝드 페f뜨 /
쌈디, 옹 / 바v 싸뮈제 / 뚜뜨 / 을라 뉘이.
나의 친구가 / 기획하다 / 큰 파티를 /
토요일에, 우리는 / 놀 것이다 / 모든 / 그 밤.

Dimanche, je me repose chez moi.

디멍슈, 쥬 므 흐뽀즈 / 쉐 무아.
일요일에는, 나는 나를 쉬게하다 / 나의 집에서.

Je vais jouer aux jeux vidéos.

쥬 / 베v 주에 / 오 / 죄 비v데오.
나는 / 놀 것이다 / ~으로 / 비디오 게임.

Bon week-end, amuse-toi bien!

봉 위(ㄲ)엔드, 아뮈즈 / 뚜아 / 비앙!
좋은 주말, 놀다 / 너 / 잘!

Bon week-end, à la semaine prochaine!

봉 위(ㄲ)엔드, 아 / 을라 쓰멘느 / 프흐쉔느!
좋은 주말, ~에 / 그 주 / 다음의!

D : 토요일에는 파티에 가서 놀 거고 일요일에는 집에 있을 거야.
　　내 친구가 토요일에 큰 파티를 열어, 밤새 놀 거야.
　　일요일에는 집에서 쉴 거야.
　　비디오 게임을 할 거야.
M : 즐거운 주말 보내, 재미있게 놀아!
D : 즐거운 주말 보내, 다음 주에 보자!

◀ **faire la fête.**
'파티를 하다, 즐기다, 놀다'라는 의미로 사용되는 표현입니다.

◀ **toute la nuit**
직역하면 '모든 밤에'라는 뜻이 됩니다.

◀ **chez moi**
chez는 '집에', moi는 '나'라는 뜻입니다. 이 표현은 우리가 생각하는 어순과 다르니 주의가 필요합니다.

◀ **Bon week-end!**
전에 배웠던 'Bonne journée', 'Bonne soirée'처럼 헤어질 때 하는 인사로, '주말 잘 보내'라는 뜻입니다.

◀ **À la semaine prochaine!**
'다음 주에 봐'라는 의미의 표현입니다.

Tu connais "La Boum"?
뛰 꼬네 '을라 붐'
너 '라 붐' 알아?

3 같이 쇼핑하러 갈래?

CAROLINE

Allô, Lucie? C'est Caroline.
알로, 을뤼씨? 쎄 / 꺄홀린느.
여보세요, 루씨 여성이름? 그것은 ~ 이다 / 카롤린 여성이름.

LUCIE

Oh, salut Caroline. Comment vas-tu?
오, 쌀뤼 / 꺄홀린느. 꼬멍 / 바V / 뛰?
(의성어), 안녕 / 카롤린 여성이름. 어떻게 / 가다 / 너는?

CAROLINE

Je vais très bien, merci.
쥬 / 베V / 트헤 비앙, 메흐씨.
나는 / 가다 / 매우 잘, 고마워.

Est-ce que tu es libre ce samedi?
에스끄 / 뛰 에 / 을리브흐 / 쓰 쌈디?
의문 / 너는 ~이다 / 자유로운 / 이번 토요일?

LUCIE

Oui, je suis libre.
위, / 쥬 쒸이 / 을리브흐.
응, / 나는 ~이다 / 자유로운.

Qu'est-ce qu'il y a?
께스 / 낄 이 아?
무슨 의문 / ~이 있다?

CAROLINE

Je pense faire du shopping
쥬 뻥쓰 / 페f흐 / 뒤 쇼삥
나는 생각한다 / 하다 / 쇼핑

dans les grands magasins,
덩 / 을레 그헝 마가장,
~에서 / 백화점,

> **Je suis accro au shopping**
> 쥬 쒸이 아크호 오 쇼삥
> 나는 쇼핑 중독이야.

◀ **il y a**
'~에 ~가 있다'라는 의미입니다. 영어의 'there is'와 같지요. 'Qu'est-ce qu'il y a?'를 직역하자면 '그곳에 무엇이 있나요 (Qu'est-ce que + il y a)?'이지만, '무슨 일인가요?'라는 뜻으로 사용됩니다.

◀ **faire du shopping & faire les magasins**
둘 다 '쇼핑하다'라는 의미의 표현입니다. 'les magasins'는 직역하면 '가게들'이라는 뜻이지만, 'faire'와 합쳐 '쇼핑하다'라는 뜻이 되는 것, 이해하고 넘어가주세요.

C : 여보세요, 루씨니? 나야 카롤린.
L : 어, 안녕 카롤린. 잘 지냈어?
C : 매우 잘 지내고 있지, 고마워.
　　이번 주 토요일에 시간 있어?
L : 응, 시간 있어.
　　무슨 일이야?
C : 백화점에 가서 쇼핑할 생각이야.

Chapter03 6가지 모양의 일반 동사 **141**

CAROLINE

je n'ai pas de vêtements d'été.

쥬 네 빠 / 드 베v뜨멍 / 데떼.
나는 가지고 있지 않다 / 옷들 / 여름의.

Tu viens avec moi faire les magasins?

뛰 비v앙 / 아베v끄 / 무아 / 페fㅎ / 을레 마가장?
너 온다 / ～와 함께 / 나 / 하다 / 쇼핑?

LUCIE

Ça tombe bien,

싸 똥브 / 비앙,
그것은 떨어진다 / 잘,

◀ **Ça tombe bien.**
직역하면 '그것은 잘 떨어진다'입니다. '적절하다', '딱 맞췄다'라는 의미로 사용되는 표현입니다.

je n'ai pas de vêtements d'été non plus. ◀

쥬 네 빠 / 드 베v뜨멍 / 데떼 / 농 쁠뤼.
나는 가지고 있지 않다 / 옷들 / 여름의 / 또한 아니다.

Je n'ai pas de vêtements d'été & non plus
'나 또한 여름 옷이 없어'라는 뜻입니다. 'Non plus'는 부정문에서 '나도 없다'라는 의미로 사용되는 표현입니다.

Allons-y ensemble.

알롱(ㅈ)이 / 엉썽블.
가자 / 같이.

CAROLINE

Samedi, devant le grand magasin

쌈디, 드벙v / 을르 그헝 마가장 /
토요일에, ～앞에서 / 백화점 /

du quartier à 14h, ça te va?

◀ **Ça te va?**
친한 사이에서 '～ 어때?', '～ 괜찮아?'라는 의미로 사용하는 표현입니다.

뒤 꺄흐띠에 / 아 / 꺄또흐 (ㅈ)외흐, 싸 뜨 바v?
동네의 / ～에 / 오후 2시, 괜찮아?

LUCIE

Très bien, on se voit samedi alors.

트헤 비앙, 옹 / 쓰 부v아 / 쌈디 / 알로ㅎ.
매우 좋다, 우리는 / 만나다 / 토요일 / 그럼.

CAROLINE

À samedi!

아 / 쌈디!
～에 / 토요일!

사계절 명칭

봄	**printemps**	[프항떵]
여름	**été**	[에떼]
가을	**utomne**	[오똔]
겨울	**hiver**	[이베v흐]

C : 여름옷이 없거든.
　　같이 쇼핑하러 갈래?
L : 잘 됐네, 나도 여름옷이 없거든.
　　같이 가자.
C : 토요일 오후 2시 동네 백화점 앞에서 만나자, 어때?
L : 좋아, 그럼 토요일에 보자.
C : 그래, 토요일에 봐!

4 누가 잘 생겼다고 생각해?

 Qui est-ce que tu trouves beau dans notre classe?
끼 / 에스끄 / 뛰 트후브v / 보 / 덩 / 노트흐 끌라쓰?
누구를 / 의문 / 너는 생각하다 / 잘생긴 / ~에서 / 우리 반?

 Je trouve que Julien est super beau.
쥬 트후브v / 끄 / 쥘리앙 에 / 쒸뻬흐 보.
나는 생각하다 / (접속사) / 줄리앙 남성이름이 ~이라고 / 엄청 잘생긴.

Et je trouve que Nathan est mignon. ◀
에 / 쥬 트후브v / 끄 / 나떵 에 / 미뇽.
그리고 / 나는 생각하다 / (접속사) / 네이슨 남성이름 ~이다 / 귀여운.

◀ **Je trouve que Nathan est mignon.**
trouver는 '찾다'라는 뜻도 되지만, '~라고 생각
하다'는 뜻도 됩니다. 여기서는 '네이슨이 귀엽게
생겼다고 생각한다'는 뜻이죠.

 Ah oui?
아 위?
아 그래?

 Oui, Julien ressemble à Tom Cruise.
위, 쥘리앙 흐썽블 / 아 / 똠 크후즈.
응, 줄리앙은 닮았다 / ~를 / 톰 크루즈.

Et Nathan, il ressemble à Nicholas Hoult.
에 / 나떵, 일 흐썽블 / 아 / 니꼴라쓰 올뜨.
그리고 / 네이슨, 그는 닮았다 / ~를 / 니콜라스 홀트.

 Nicholas Hoult? Le zombie?
니꼴라쓰 올뜨? 을르 종비?
니콜라스 홀트? 그 좀비?

◀ **le zombie**
게임이나 만화, 영화에서 많이 나오는 그 죽었다
가 살아나는 괴물들 아시죠? 영어로 zombie, 한
국말로 좀비, 프랑스어로도 zombie입니다. 영
화 '웜 바디스'에서 니콜라스 홀트가 좀비로 출연
했던 장면을 이야기하고 있습니다.

 Pas le zombie. Le zombie "romantique".
빠 / 을르 종비. 을르 종비 / 흐멍띠끄.
아니다 / 그냥 좀비. 좀비 / 로맨틱한.

M : 우리 반에서 누가 잘생긴 거 같아?
C : 줄리앙이 엄청 잘생긴 거 같아.
　　그리고 네이슨은 귀엽게 생긴 거 같아.
M : 그래?
C : 응, 줄리앙은 톰 크루즈 닮았어.
　　그리고 네이슨은 니콜라스 홀트를 닮았어.
M : 니콜라스 홀트? 그 좀비?
C : 그냥 좀비가 아니지. '로맨틱한' 좀비지.

Je suis mignon.
쥬 쒸이 미뇽
나는 귀여워.

Et il joue aussi d'autres rôles.
에 / 일 / 주 / 오씨 / 도트흐 홀.
그리고 / 그는 / 연기하다 / 역시 / 다른 역할들.

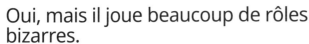

Oui, mais il joue beaucoup de rôles bizarres.
위, 메 / 일 주 / 보꾸 드 홀 / 비자흐.
응, 하지만 / 그는 연기하다 / 많은 역할들 / 이상한.

Et toi alors?
에 / 뚜아 / 알로흐?
그리고 / 너는 / 그러면?

Qui est-ce que tu trouves beau
끼 / 에스끄 / 뛰 트후브v / 보 /
누구를 / 의문 / 너는 생각하다 / 잘생긴 /

dans notre classe?
덩 / 노트흐 끌라쓰?
〜에서 / 우리 반?

Thomas, sans hésiter.
또마, 썽 / (ㅈ)에지떼.
토마스 남성이름, 〜없이 / 망설이다.

Il ressemble à Christian Bale.
일 흐썽블 / 아 / 크히스띠엉 베일.
그는 닮았다 / 〜를 / 크리스찬 베일.

C : 그리고 다른 역할도 맡았어.
M : 그래도 이상한 역할을 많이 맡던데.
C : 그럼 너는?
　　우리 반에서 누가 잘생겼다고 생각하는데?
M : 한 치의 망설임도 없이 토마스지.
　　크리스찬 베일을 닮았어.

TIP

◀ **bizarre**
영어에서는 **bizarre**가 '기이한, 기묘한, 괴상한'의 뜻을 가지고 있지요? 프랑스어의 bizarre는 '기이한, 기묘한, 괴상한'에 더해서 '이상한, 묘한'의 뜻으로 사용됩니다.

◀ **크히스띠엉 베일**
프랑스 사람들은 외국 배우들 이름을 영어 발음과 프랑스 발음의 중간으로 발음합니다.

Tom Cruise : 똠 크후즈
Nicolas Cage : 니꼴라쓰 께이주
Bruce Willis : 브후쓰 윌리쓰

CATHERINE

Christian Bale?
크히스띠엉 베일?
크리스찬 베일?

Tu es sérieuse?
뛰 에 / 쎄히외즈?
너는 ~이다 / 진심인?

MARIE

Bien sûr.
비앙 쒸흐.
당연하다.

Christian Bale est élégant dans Batman.
크히스띠엉 베일 에 / (ㄸ)엘레겅 / 덩 / 바뜨만.
크리스찬 베일은 ~이다 / 시크한 / ~에서 / 배트맨.

CATHERINE

Christian Bale aussi, il joue beaucoup de rôles bizarres.
크히스띠엉 베일 / 오씨, 일 주 / 보꾸 드 홀 / 비자흐.
크리스찬 베일 / 또한, 그는 연기하다 / 많은 역할 / 이상한.

Il me rappelle toujours cet Américain fou.
일 / 므 하뻴 / 뚜주흐 / 쎗 (ㄸ)아메히깡 / 후.
그는 / 나에게 기억나게 한다 / 언제나 / 그 미국인을 / 미친.

C : 크리스찬 베일?
　　진심이야?
M : 응,
　　배트맨에서 크리스찬 베일이 엄청 세련됐잖아.
C : 크리스찬 베일도 이상한 역할 많이 맡는데.
　　그는 언제나 아메리칸 싸이코를 떠오르게 해.

TIP

◀ **batman**
검은색 의상을 입고 다니는 박쥐 인간, 배트맨!
배트맨은 프랑스식 발음으로 '바뜨만'입니다.

◀ **Américain fou**
영화 '아메리칸 싸이코'의 한 장면을 이야기하고
있습니다.

L'omme chauve-souris.
욜롬므 쇼브ᵛ 쑤히
박쥐 인간.

5 내기 할래?

On ne meurt pas en sautant de cette falaise.
옹 / 느 뫼흐 빠 / 엉 쏘떵 / 드 쎄뜨 팔f레즈.
우리는 / [부정] 죽는다 [부정] / 뛰면 / 이 절벽에서.

Mais si on meurt.
메 / 씨 / 옹 / 뫼흐.
그러면 / 만약 / 우리는 / 죽는다.

Mais non on ne meurt pas.
메 / 농 / 옹 / 느 뫼흐 빠.
그러면 / 아니 / 우리는 / [부정] 죽는다 [부정].

Tu paries?
뛰 / 빠히?
너는 / 내기하다?

Vas-y, on parie quoi?
바v (ㅈ)이, 옹 빠히 / 꾸아?
하자, 우리는 내기하다 / 무엇을?

On parie 5 euros.
옹 빠히 / 쌍끄 외흐.
우리는 내기하다 / 5유로.

Ok. Regarde-moi bien. Aaaaaah! Aïe!
오께. 흐갸흐드 / 무아 비앙. 아! 아이유!
그래. 보다 / 나 / 잘. (의성어) 아! 아야!

S : 이 절벽에서 뛰어도 안 죽는다.
D : 죽어.
S : 안 죽는다니까.
D : 내기할래?
S : 그래, 뭐 내기할래?
D : 5유로 내기하자.
S : 그래. 나를 잘 봐. 으아~~~~! 아야!

TIP

◀ **On ne meurt pas en sautant de cette falaise.**
여기서 나오는 on은 '우리'를 의미하는 것이 아니라 '대다수'를 의미합니다. 한국말로 한다면 '이 절벽에서 뛰어도 죽지 않는다'이겠죠.

◀ **Tu paries?**
한국이든 프랑스든 아이들은 모두 똑같은가 봅니다. 아이들이 매일 사용한다고 해도 과언이 아닐, '내기할래?'라는 의미의 문장입니다. **Tu veux parier?**도 많이 사용합니다.

Je connais bien les urgences.
쥬 꼬네 비앙 올레 (ㅈ)위흐정쓰.
나는 응급실을 잘 알아.

DANIEL Ça va? Tu es vivant?
싸 바v? / 뛰 에 / 비v벙v?
괜찮아? / 너는~이다 / 살아있는?

SEBASTIAN Je me suis cassé une jambe!
쥬 므 쒸이 / 꺄쎄 / 윈 정브!
나는 ~이다 / 부러진 / 하나의 다리!

DANIEL Tu n'es pas mort, tu as gagné.
뛰 네 빠 / 모흐̃, 뛰 아 갸녜.
너는 ~아니다 / 죽음, 네가 이겼어.

Je te dois 5 euros.
쥬 뜨 두아 / 쌍끄 외흐̃.
나는 너에게 빚지다 / 5유로.

SEBASTIAN Oui, merci!
위, 메흐̃씨!
응, 고마워!

DANIEL J'appelle les pompiers?
자뻴 / 울레 뽕삐에?
나는 부른다 / 소방관들?

SEBASTIAN Oui, vite, j'ai mal!
위, 비v뜨, 줴 / 말!
응, 빨리, 나는 가지고 있다 / 고통!

D : 괜찮아? 살아있어?
S : 나 다리 한 쪽이 부러졌어!
D : 안 죽었네, 네가 이겼어.
　　내가 5유로 빚졌어.
S : 응, 고마워!
D : 소방관 부를까?
S : 응, 빨리, 나 아파!

◀ **Je te dois 5 euros.**
devoir는 '무엇을 해야 한다'는 의미의 조동사이
기도 하지만, 여기서는 '누군가에게 돈을 빚지다'
는 의미로 사용됐습니다.

◀ **les pompiers**
한국의 119가 프랑스에서는 18번입니다. 프랑스
에서 불이 나거나 구조가 필요할 때에는 18번으로
전화를 거시면 됩니다.

Je suis vivant!
쥬 쒸이 비v벙v
나는 살아있다!

어느 날 어떤 여자 변호사 요정이 울면서 나를 찾아온 거야.

저는 남자가 아니에요!

요정들은 다시 회의를 열었지. 이때 회의는 정말 장난 아니었어.

이건 또 어떻게 처리해야 하는 거야….

큰일 난댔지!

그러게, 내가 뭐랬어!

으아….

그리고 결국 어떤 결론을 냈냐 하면…. 직업과 신분에 관한 명사는 남성형과 여성형을 모두 만들어주기로 했어.

avocat 변호사 avocate

직업

이런 식으로….

경찰관 policier — 경찰관 policière
변호사 avocat — 변호사 avocate
요리사 cuisinier — 요리사 cuisinière
기술자 technicien — 기술자 technicienne

그래서 직업을 표현하는 명사는 형용사와 마치 하나의 세트처럼 보이게 됐어.

작은 남성 변호사 petit avocat 쁘띠 아보ˇ까

작은 여성 변호사 petite avocate 쁘띠뜨 아보ˇ까뜨

라임을 맞췄더니 뿌듯하군!

그렇게 내가 자신의 문제해결 능력에 감복하고 있던 어느 날….

건배~

옆집 강아지도 나를 찾아와서 울기 시작했어.

저도 여자인데요.

사실 나는 모든 강아지를 남성으로 정해놨었어.

대체 무슨 자신감이었대?

강아지뿐만 아니라 모든 동물에게는 성별이 정해져 있었어. 실제의 성과는 아무런 상관없이 말이지.

그래서 모든 코끼리는 남성이고 모든 기린은 여성인 식이었지.

너네는 모두 여자.

너네는 모두 남자.

사실 어쩔 수 없었던 게, 동물의 겉모습을 대강 봐서는 성별을 알 수가 없잖아?

더 이상 자세한 설명은 생략한다.

나 편해지자고 그랬던 거라 좀 미안해지더라고.

특히 사자는 정말 미안하더라고….

그래서 성별을 모르는 경우에는 종에 따라 미리 정해둔 대로 부르지만

chèvre = 염소

성별을 아는 경우에는 그에 맞춰 부르기로 했어.

정말이지 복잡해 보이지만…, 전부 이유가 있다는 걸 이제 알겠지?

지금까지 우리는 명사의 성이 어떻게 생겨났는지 알아보았어.

명사에 성이 있다는 걸 알게 된 학생들은 내게 종종 이런 질문을 해.

명사의 성을 쉽게 외울 수 있는 규칙 같은 건 없나요?

이제 확실하게 말해주어야 할 것 같아.

충격 먹을까 봐 말 못했어….

명사의 성별은 정말이지 암기해야 해.

이걸 언제 다 외우냐….

학생들이 쉽게 빠지는 함정 중의 하나가 규칙을 찾으면 암기할 양이 줄어든다고 생각하는 거야.

이건 어느 정도 맞는 말이지만 규칙에 예외가 없을 때의 얘기야.

언어에 대한 규칙에는 특히 예외가 많아.

많이 쓰면

많이 안 쓰면

언어

규칙

불규칙

결국 예외는 예외라고 외우고 예외가 아닌 것은 예외가 아니라고 외워야 하는 거지.

헷갈려

예외   예외 X

그래도 규칙을 찾고 싶다고? 그렇다면 별수 없지, 내가 도와주는 수밖에.

유능한 이 몸이 말이야!

하나의 단어 속에는 우리가 성별을 추측해볼 수 있는 2가지 증거가 있어.

눈치 빠른 친구들은 이미 알 걸

? ?

그게 뭐냐고? 바로 단어의 의미와 모양이야!

단어의 뜻 = 나무   단어의 모양 = Arbre

?

그럼 단어의 의미에 관한 얘기부터 해 볼까?

성별 추측하기

의미

모양

아빠가 면도칼로 면도를 하고 있군.

조심 조심

맞아, 면도칼과 면도는 남성명사야.

♂ rasage = 면도   ♂ rasoir = 면도칼

부엌에서 요리하는 엄마의 모습이 보이는군.

요리는 좋은 취미야

그래, 부엌과 요리는 여성명사야.

♀ cuisine = 부엌, 요리

물론 집안일과 여성을 연결해 생각하는 것은 지금의 관점으로는 올바르지 않지만, 언어가 그렇게 되어있는 걸 어쩌겠어. 그렇지?

요새는 여자도 돈을 벌고!

언어는 워낙 옛날부터 있던 거라 이런 경우가 많아

남자도 집안일을 하지!

홈대디

워킹맘

언어

하지만 이런 식으로 구분해도 그다지 많이 맞출 수는 없어.

머리 아프지?

면도는 남성명사인데 면도를 통해 깎는 수염은 여성명사인 식이지.

barbe = 수염

rasage = 면도

그러니 명사의 성에 있어서 절대적인 규칙은 없다는 생각으로 접근해야 해!

그냥 쿨하게 버리자~

절대적 규칙

그런 면에서 한 가지 더 이야기해 줄게.

남자는 남성명사이고 여자는 여성명사였지. 그렇다면 '사람'의 성별은 뭘까?

남성 | 사람 | 여성

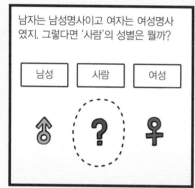

사람은 여성명사야.

코스모스라는 꽃은 남성명사지만

cosmos bipinnatus = 코스모스

그냥 '꽃'은 여성명사고 '식물' 또한 여성명사야.

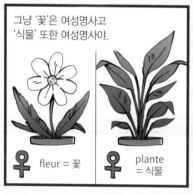

fleur = 꽃

plante = 식물

이런 식이기 때문에 상위개념과 하위개념을 잘 구분해서 외워야만 해.

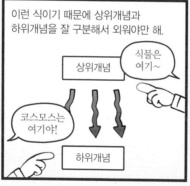

상위개념

식물은 여기~

코스모스는 여기야!

하위개념

그럼 이제 단어의 모양을 통해 성별을 추측하는 방법을 알아볼까?

성별 추측하기

의미

모양

아래의 단어들을 살펴볼래? 어떤 공통점이 보이지 않니?

personne (사람)

bière (맥주)

huile (기름)

맞아, 단어들이 모두 e로 끝나고 있어.

personn**e**

biè**re**

huil**e**

그리고 이 e는 우리가 여성 전용 형용사와 명사에 붙여줬던 글자야!

다들 기억하고 있지?

그래서 e로 끝나는 단어들은 대부분 여성명사야!

프랑스어에서는 단어의 끝을 보면 성별을 대략 짐작할 수 있어.

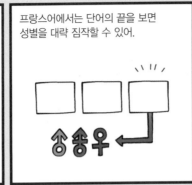

그리고 영어에서 온 단어들은 거의 남성명사야.

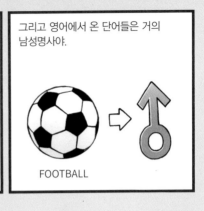

FOOTBALL

자, 이제 얄팍한 수는 잊어버리고 한 단어 한 단어 정면으로 암기하는 방법을 생각해보자.

암기

외우는 데에도 현명한 방법이 있고 현명하지 않은 방법이 있어.

"테이블 남성, 테이블 남성…" 바로 이렇게 외우는 게 현명하지 않은 방법이야.

= tisch 테이블 (남성)

그럼 현명한 방법이 뭐냐고?

나는 Smart~

남성 명사에는 남성을 등장시키고

숙제를 하는 남성

그림을 그리는 남성

햄버거를 먹는 남성

여성 명사에는 여성을 등장시켜서 상황을 만들어 봐.

피자를 먹는 여성

공부를 하는 여성

음악을 듣는 여성

명사의 성에 관해 설명하니까 프랑스어가 어렵게 느껴지지?

이 놈의 성구별…

152

절대로 그러라고 해준 말이 아니야.

우리가 해왔던 공부는 대부분 시험과 관련된 것이었기 때문에

사람들은 뭐든지 완벽하게 하려고 하고 틀리지 않으려고 해.

물론 프랑스어의 성 구분을 알지 못하면 절대 프랑스어를 완벽하게 말할 수 없어.

하지만 사실 완벽하게 말하는 건 중요하지 않아.

단어의 성 구분을 할 줄 안다면 더욱 정확하게 말할 수 있겠지만

단어의 성별을 잘못 말한다고 해서 프랑스인이 내 말을 알아듣지 못하는 게 아니야.

중요한 것은 맞고 틀리는 게 아니라 상대방과의 의사소통이 아닐까?

틀린 말이라도 무작정 써보고 입 밖으로 꺼내 보는 습관. 그게 모든 어학의 시작이야.

04

명사를 변신시키는
전치사 &
문장을 변신시키는
접속사

Je suis dans la rue.
나는 거리에 있습니다.

따라 말하기

전치사란 무엇일까요? 우선 우리말로 쉽게 설명해드리겠습니다.
'침대'는 명사입니다. 하지만 '침대 위의'라는 표현도 있고, '침대 위로'라는
표현도 있죠? 이 표현들은 여전히 명사일까요? 그렇지 않습니다.
'침대'라는 명사에 어떤 표현을 결합하니 다른 품사로 변신했습니다.

침　　대 : 명사 lit [을리]
침대 위의 : 형용사
침대 위로 : 부사

한국어, 일본어엔 '조사'
유럽어엔 '전치사'

de
[드]
~로부터 (from)

sur
[쒸흐]
~위에, ~에서 (on)

dans
[덩]
~안에, ~후에 (in)

à
[아]
~에게 (to)

autour
[오뚜흐]
~주위에, ~둘레에 (around)

sous
[쑤]
~아래에 (under)

hors de
[오호 드]
~의 밖에, ~을 넘어 (out of)

<< 읽어
보세요　**프랑스어의 전치사**

프랑스어에서 전치사는 두 단어, 혹은
세 단어가 되기도 합니다.
사실, 이것들은 엄연히 말하자면
전치사가 아닌 거죠. 뜻이 합쳐진 숙어
정도로 생각하면 되겠습니다. 하지만
의미상 우리가 흔히 알고 있는 전치사의
역할을 하는 거죠.

<< 더 알아
보세요　**전치사가 사용된 문장들**

◆ Je viens /**de**/ France.
　[쥬 비V앙 /드/ 프헝쓰]
　나는 왔다 / ~에서 / 프랑스.

◆ Le chat /est /**sur**/ le lit.
　[을르 샤 /에 /쒸흐 /을르 울리]
　그 고양이 /~이다 /~위에 /침대.

◆ Le stylo /est /**dans**/
　la trousse.
　[을르 쓰띨로 /에 /덩 /을라 트후쓰]
　그 볼펜 /~이다 /~안에 /그 필통.

◆ Je vais /**à**/ Séoul.
　[쥬 베V /아 /쎄울]
　나는 간다 /~로 /서울.

◆ Mon chien /tourne /**autour**/
　de moi.
　[몽 시앙 /뚜흐느 /오뚜흐 /드 무아]
　나의 개 /돈다 /~주위에 /나의.

◆ Le sac /est /**sous**/ la table.
　[을르 싹 /에 /쑤 /을라 따블르]
　그 가방 /~이다 /~아래에 /그 책상.

◆ Je suis /**hors de**/ chez moi.
　[쥬 쒸이 /오흐 드 /쉐 무아]
　나는~이다 /~의 밖에 /나의 집.

이렇게 명사에 결합시키는 표현을 우리말에서는 보통 '조사'라고 부르고, 유럽어에서는 '**전치사**'라고 부릅니다. 조사는 명사의 뒤에 두지만, 전치사는 그 이름대로 명사의 앞에 둡니다. 앞의 전치사들은 모두 침대라는 명사 앞에, 아래의 전치사들은 모두 상자라는 명사 앞에 둔 예입니다.

조사: 명사 뒤에 위치

▶ 우리말 : **앞에**

전치사: 명사 앞에 위치

▶ 유럽어 : **devant**

devant
[드벙V]
~의 앞에 (in front of)

derrière
[데히에흐]
~의 뒤에 (behind)

par-dessus
[빠흐 드쒸]
~을 넘어서 (over)

entre
[엉트흐]
~사이에 (between)

à côté de
[아 꼬떼 드]
~옆에 (by)

au-delà
[오 들라]
~의 너머에 (over)

à travers
[아 트하베V흐]
~을 가로질러 (through)

à
[아]
~에 (at)

le long de
[을르 율롱 드]
~을 따라서 (along)

 더 알아 보세요 **전치사가 사용된 문장들**

♦ Il est / **devant** / chez lui.
[일 에 / **드벙V** / 쉐 율뤼이]
그는 ~이다 / ~앞에 / 그의 집.

♦ Le jardin / est / **derrière** / la maison.
[율르 자흐당 / 에 / **데히에흐** / 율라 메종]
그 정원 ~이다 / ~뒤에 / 그의 집.

♦ Je lance / la corde / **par-dessus** / le mur.
[쥬 율렁쓰 / 율라 꼬흐드 / **빠흐 드쒸** / 율르 뮈흐]
나는 던진다 / 그 줄 / ~너머로 / 그 벽.

♦ La bibliothèque / se trouve / **entre** / deux / bâtiments.
[율라 비블리오떼끄 / 쓰 트후브V / **엉트흐** / 되 / 바띠멍]
그 도서관 / ~에 위치한다 / ~사이에 / 둘 / 건물들.

♦ Mon / petit / frère / est / **à côté de** / moi.
[몽 / 쁘띠 / 프헤흐 / 에 / (ㄸ)**아 꼬떼 드** / 무아]
나의 / 작은 / 남자 형제 / ~이다 / ~옆에 / 나의.

♦ Il y a / un village / **au-delà** / de ces montagnes.
[일 이 아 / 앙 빌V라주 / **오 들라** / 드 쎄 몽따뉴]
~있다 / 한 마을 / ~의 너머에 / 그 산들.

♦ Je passe / **à travers** / le tunnel.
[쥬 빠쓰 / **아 트하베V흐** / 율르 뛰넬]
나는 지나가다 / ~을 가로질러 / 터널.

♦ Le musée / du Louvre / est / **à** / Paris.
[율르 뮈제 / 뒤 율루브V흐 / 에 / (ㄸ)**아** / 빠히]
그 박물관 / 루브르의 / ~이다 / ~에 / 파리.

♦ Il y a / beaucoup / de fleurs / **le long** / du chemin.
[일 이 아 / 보꾸 / 드 플뢰흐 / **율르 율롱** / 뒤 슈망]
~있다 / 많은 / 꽃들 / ~을 따라서 / 길의.

 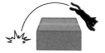

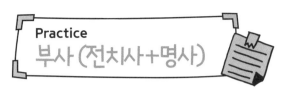

 빈칸에 전치사와 명사를 넣어 보세요.

1 파리에

À   Paris

2 침대 아래에

침대 : lit 을리 👤

3 식탁 위에

식탁 : table 따블르 👤

4 서울로부터

5 방 안에

방 : chambre 셩브흐 👤

6 침대 밖에

7 내 주변에

8 오른쪽에

9 왼쪽에

10 길을 따라서

길 : chemin 슈망 👤

11 옥상에

지붕, 옥상 : toit 뚜와 👤

12 모국으로부터

모국, 조국 : mon pays 몽 뻬이 👤

13 박스 안에

박스 : boîte 부아뜨 👤

14 집 밖에

15 공원 주위에

공원 : parc 빠흐끄 👤

16 강을 따라서

강 : fleuve 플뢰브v 👤

▶정답입니다!◀ ① À Paris ② Sous le lit ③ Sur la table ④ De Séoul ⑤ Dans la chambre ⑥ Hors du lit
⑦ Autour de moi ⑧ À droite ⑨ À gauche ⑩ Le long du chemin ⑪ Sur le toit ⑫ De mon pays
⑬ Dans la boîte ⑭ Hors de la maison ⑮ Autour du parc ⑯ Le long du fleuve

Practice
부사 (전치사+명사)

따라 말하기

 빈칸에 전치사와 명사를 넣어 보세요.

1 침대 뒤에
<u>Derrière</u>　<u>le lit</u>

2 박스 두 개 사이에
<u>　　　　</u>　<u>　　　　</u>

3 내 옆에
<u>　　　　</u>　<u>　　　　</u>

4 집 앞에
<u>　　　　</u>　<u>　　　　</u>

5 무엇 위를 뛰어넘다
<u>　　　　</u>　<u>　　　　</u>

6 이 밭 너머에
<u>　　　　</u>　<u>　　　　</u>

7 터널을 통해서
<u>　　　　</u>　<u>　　　　</u>
터널 : tunnel 뛰넬 👤

8 배 위로, 배 밖으로
<u>　　　　</u>　<u>　　　　</u>
가장자리, 배 : bord 보흐 👤

9 집 뒤에
<u>　　　　</u>　<u>　　　　</u>

10 하늘과 땅 사이에
<u>　　　　</u>　<u>　　　　</u>
하늘 : ciel 씨엘 👤　땅, 지구 : terre 떼흐 👤

11 식당 옆에
<u>　　　　</u>　<u>　　　　</u>

12 내 앞에
<u>　　　　</u>　<u>　　　　</u>

13 산 너머에
<u>　　　　</u>　<u>　　　　</u>

14 들판을 가로질러
<u>　　　　</u>　<u>　　　　</u>
밭, 들판 : champ 셩 👤

15 벽 뒤에
<u>　　　　</u>　<u>　　　　</u>
벽 : mur 뮈흐 👤

16 그들 앞에
<u>　　　　</u>　<u>　　　　</u>

정답입니다! 　① Derrière le lit ② Entre deux boîtes ③ À côté de moi ④ Devant la maison ⑤ Sauter par-dessus
⑥ Au-delà de ce champ ⑦ À travers le tunnel ⑧ Par-dessus bord ⑨ Derrière la maison
⑩ Entre le ciel et la terre ⑪ À côté du restaurant ⑫ Devant moi ⑬ Au-delà des montagnes
⑭ À travers les champs ⑮ Derrière le mur ⑯ Devant eux

따라 말하기

그러면 '침대 위의', 혹은 '침대 위로'라는 표현의 품사는 무엇일까요?
'침대'라는 단어는 명사이지만 **전치사가 붙고 나면 형용사나 부사로
변신합니다.**

▶ 침대 위의 고양이

고양이(명사)를 꾸미고 있으니
형용사라 부른다

▶ 침대 위로 뛰는 고양이

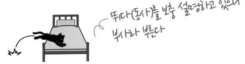

뛰다(동사)를 보충 설명하고 있으니
부사라 부른다

TIP

《 더 알아
보세요   **전치사가 사용된 문장들**

◆ C'est / un vin / **de** / France.
[쎄 / (ㄸ)앙 방V / 드 / 프헝쓰]
이것은 / 와인 / ~로부터 / 프랑스.

◆ C'est / un film / **sur** / l'amour.
[쎄 / (ㄸ)앙 필름 / 쒸흐 / 을라무흐]
이것은 / 영화 / ~에 대해서 / 사랑.

◆ Je suis / ici / **à cause de** / lui.
[쥬 쒸이 / 이씨 / 아 꼬즈 드 / 을뤼이]
나는 ~이다 / 여기 / ~때문에 / 그.

◆ Tu es / venu / à l'école / **sans**
ton sac?
[뛰 에 / 브V뉘 / 아 을레꼴 / 썽 / 똥 싹?]
너는 ~이다 / 왔다 / 학교에 / ~없이 / 너의 가방?

◆ Il faut choisir / **entre** / ces 3
boissons.
[일 포f 슈아지흐 / **엉트흐** / 쎄트후아 부아쏭]
골라야 한다 / ~중에서 / 이 3가지 음료들.

◆ Ce gâteau / est / **pour** /
ma petite amie.
[쓰 갸또 / 에 / **뿌흐** / 마 쁘띳(ㄸ)아미]
이 케이크는 / ~이다 / ~를 위하여 /
나의 여자친구.

◆ Je suis / **comme** / mon père.
[쥬 쒸이 / **꼼므** / 몽 뻬흐]
나는~이다 / ~처럼 / 나의 아버지.

◆ Nous sommes / **avec** /
des amis.
[누 쏨므 / **아베V끄** / 데 (ㅈ)아미]
우리들은 ~이다 / ~와 함께 / 나 / 친구들.

◆ Tout le monde / est / là / **sauf** /
Pierre.
[뚜 을르 몽드 / 에 / 을라 / **쏘프f** / 삐에흐]
모두들 / ~이다 / 여기 / ~을 제외하고 / 피에르.

de
[드]
~의, ~로부터 (of, from)

sur
[쒸흐]
~에 관하여 (about)

à cause de
[아 꼬즈 드]
~때문에 (because of)

sans
[썽]
~없이 (without)

entre
[엉트흐]
~사이에서
(between, among)

pour
[뿌흐]
~를 위하여,
~행의(목적지) (for)

comme
[꼼므]
~처럼, ~로써 (like)

avec
[아베V끄]
~와 함께, ~와 (with)

sauf
[쏘프f]
~을 제외하고 (except)

전치사는 사물의 위치에 대해 말해주는 것들이 대부분입니다.
그리고 두 번째로 많은 비중을 차지하는 것은 시간에 대한 것들입니다. 그 외에
도 방법 혹은 기타 의미를 담은 전치사도 있습니다. 아래의 전치사들은 모두 시간
전치사들 입니다. 시간 전치사 뒤에는 주로 시각이나 날짜를 알려주는 명사가 사
용되지만, 그 외에 사건을 나타내는 명사나 문장이 사용되기도 합니다.

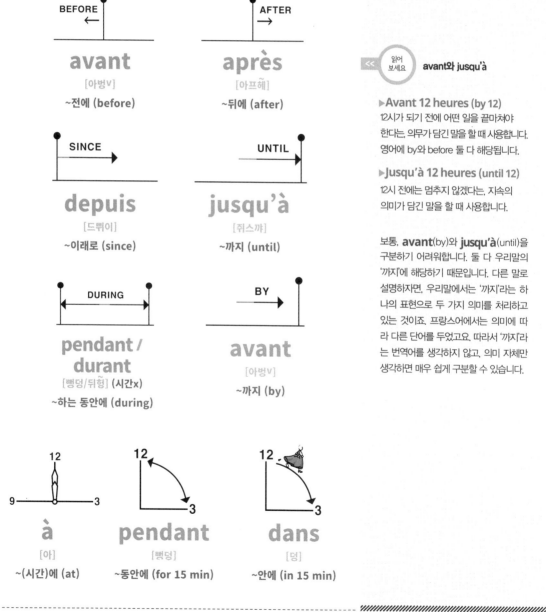

avant
[아벙V]
~전에 (before)

après
[아프헤]
~뒤에 (after)

depuis
[드쀠이]
~이래로 (since)

jusqu'à
[쥐스꺄]
~까지 (until)

**pendant /
durant**
[뻥덩/뒤헝] (시간x)
~하는 동안에 (during)

avant
[아벙V]
~까지 (by)

à
[아]
~(시간)에 (at)

pendant
[뻥덩]
~동안에 (for 15 min)

dans
[덩]
~안에 (in 15 min)

읽어
보세요
avant와 jusqu'à

▶**Avant 12 heures (by 12)**
12시가 되기 전에 어떤 일을 끝마쳐야
한다는, 의무가 담긴 말을 할 때 사용합니다.
영어에 by와 before 둘 다 해당됩니다.

▶**Jusqu'à 12 heures (until 12)**
12시 전에는 멈추지 않겠다는, 지속의
의미가 담긴 말을 할 때 사용합니다.

보통, **avant**(by)와 **jusqu'à**(until)을
구분하기 어려워합니다. 둘 다 우리말의
'까지'에 해당하기 때문입니다. 다른 말로
설명하자면, 우리말에서는 '까지'라는 하
나의 표현으로 두 가지 의미를 처리하고
있는 것이죠. 프랑스어에서는 의미에 따
라 다른 단어를 두었고요. 따라서 '까지'라
는 번역어를 생각하지 않고, 의미 자체만
생각하면 매우 쉽게 구분할 수 있습니다.

따라 말하기

 빈칸에 전치사와 명사를 넣어 보세요.

1 프랑스에 대해서

Sur _la France_

2 내 남자 형제를 위해서

_____ _____

3 아버지처럼

_____ _____

4 내 고양이의

_____ _____

고양이(수컷) : chat 샤 고양이(암컷) : chatte 샤뜨

5 내 친구와(함께)

_____ _____

6 내 가족 없이

_____ _____

7 과일을 제외하고

_____ _____

8 내 강아지 때문에

_____ _____

개(수컷) : chien 시앙 개(암컷) : chienne 시엔느

9 이 셋 중에서

_____ _____

숫자 3 : trois 트후아

10 그를 위해서

_____ _____

11 너처럼

_____ _____

12 한국의

_____ _____

13 볼펜으로

_____ _____

14 끝이 없이

_____ _____

15 영어를 제외하고

_____ _____

16 비 때문에

_____ _____

비 : pluie 쁠뤼이

정답입니다! 1 Sur la France 2 Pour mon frère 3 Comme mon père 4 De mon chat 5 Avec mon ami
6 Sans ma famille 7 Sauf les fruits 8 À cause de mon chien 9 Entre ces trois
10 Pour lui 11 Comme toi 12 De la Corée 13 Avec un stylo 14 Sans fin 15 Sauf l'anglais
16 À cause de la pluie

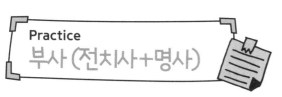

Practice
부사 (전치사+명사)

따라 말하기

 빈칸에 전치사와 명사를 넣어 보세요.

1 오후(정오가 지난 이후)

Après _____ -midi

오후 : après-midi 아프헤 미디

2 10시 이전에

_____

시간 : heure 외흐

3 여행하는 동안에

_____

여행 : voyage 부v아야지

4 1997년 이후로

_____

5 자정까지

_____

6 오후 1시에

_____

7 10분 후에

_____

8 2시간 동안

_____

9 학업이 끝난 뒤

_____

10 점심 식사를 하기 전에

_____

11 여행하는 내내

_____

12 그의 학업이 끝난 이후부터

_____

13 내 학업이 끝날 때까지

_____

14 오전 10시에

_____

15 이틀 후에

_____

하루, 1일 : jour 주흐

16 일주일 동안

_____

일주일 : semaine 쓰멘느

· 정답입니다!· 1 Après-midi 2 Avant 10 heures 3 Pendant le voyage 4 après 1997 5 Jusqu'à minuit 6 À 13 heures 7 Dans 10 minutes 8 Pendant 2 heures 9 Après les études 10 Avant de déjeuner 11 Durant le voyage 12 Depuis la fin de ses études 13 Jusqu'à la fin de mes études 14 À 10 heures 15 Dans 2 jours 16 Pendant une semaine

 다음 문장들을 프랑스어로 적어 보세요.

1 나는 한국에서 왔다. 　　Je viens de Corée du Sud.

----

2 나는 파리에 간다.

----

3 내 고양이가 침대 밑에 있다.

----

4 나는 내 주변에 친구가 많다.

----

5 한강에는 배가 많다.

강 : fleuve 플f뢰브v

6 그는 집 앞에 있다.

----

7 산 너머에 마을이 있다.

----

8 도둑이 벽을 뛰어 넘는다.

도둑 : voleur 볼v뢰흐　　뛰어넘다 : sauter 쏘떼

9 우리는 그 터널을 지나간다.

----

10 나는 내 친구(여성)를 위해서 선물을 산다.

----

11 그녀는 자신의 엄마처럼 말한다.

---

12 나는 너 없이 살 수 없다.

---

13 나는 채소 빼고 모두 다 좋아한다.

---

14 나는 오후 1시 이전에 끝내야 한다.

---

15 나는 2007년도부터 변호사이다.

변호사 : Avocat 아보V까

16 나는 주말 동안에 일을 한다.

---

17 나는 오후 5시에 도착한다.

---

18 나는 15분 후에 끝난다.

정답입니다!

1 Je viens de Corée du Sud. 2 Je vais à Paris. 3 Mon chat est sous le lit.
4 J'ai beaucoup d'amis autour de moi. 5 Il y a beaucoup de bateaux le long du fleuve Han.
6 Il est devant la maison. 7 Au-delà des montagnes se trouve un village.
8 Le voleur saute par-dessus le mur. 9 Nous passons à travers le tunnel.
10 J'achète un cadeau pour mon amie. 11 Elle parle comme sa mère.
12 Je ne peux pas vivre sans toi. 13 J'aime tout sauf les légumes. 14 Je dois finir avant 13 heures.
15 Je suis avocat depuis 2007. 16 Je travaille pendant le week-end. 17 J'arrive à 17 heures.
18 Je finis dans 15 minutes.

따라 말하기

방금 전 단원에서 우리는 전치사에 대해 배웠습니다. 전치사는 항상 명사 앞에 붙여준다는 것, 기억하시죠? 이번에는 문장 앞에 붙여주는 몇 가지 표현을 배워 보겠습니다. 이 경우에도 마찬가지로, 그렇게 함으로써 문장의 쓰임새가 살짝 변하기도 합니다. 마치 명사에 전치사를 붙였을 때처럼 말이죠.

Et	→ 그리고 나는 네가 싫어.
Ou	→ 아니면 너는 내가 싫어?
Donc	→ 그래서 나는 네가 싫어.
Si	→ 만약 내가 너를 싫어한다면
Mais	→ 그러나 나는 네가 싫어.
Parce que	→ 왜냐하면 나는 네가 싫어.
Au fait	→ 그건 그렇고 나는 네가 싫어.

Et와 ou는 두 개의 명사를 서로 이어주기도 합니다.

Toi et moi 너 그리고 나
뚜아 에 무아

Toi ou moi 너 아니면 나
뚜아 우 무아

TIP

《 읽어 보세요 **접속사 사용 예시**

te + aime – 여기서 te는 '너를'입니다. 다음 단원에서 배우게 됩니다.

▶and
Et je ne t'aime pas.
에 쥬 느 뗌므 빠
그리고 나는 너를 좋아하지 않아.

▶or
Ou est-ce que tu ne m'aimes pas?
우 에쓰끄 뛰 느 멤므 빠
아니면 너는 나를 좋아하지 않아?

▶so
Donc je ne t'aime pas.
동끄 쥬 느 뗌므 빠
그래서 나는 너를 좋아하지 않아.

▶if
Si je ne t'aime pas,
씨 쥬 느 뗌므 빠
만약 내가 너를 좋아하지 않는다면,

▶but
Mais je ne t'aime pas.
메 쥬 느 뗌므 빠
그러나 나는 너를 좋아하지 않아.

▶because
Parce que je ne t'aime pas.
빠흐쓰 끄 쥬 느 뗌므 빠
왜냐하면 나는 너를 좋아하지 않아.

▶by the way
Au fait je ne t'aime pas.
오펫 쥬 느 뗌므 빠
그건 그렇고 나는 너를 좋아하지 않아.

따라 말하기

 접속사가 들어간 다음 문장들을 프랑스어로 적어 보세요.

1 그리고 나는 너를 좋아하지 않아.   **Et je ne t'aime pas.**

----

2 아니면 너는 나를 좋아하지 않아?

----

3 그래서 나는 너를 좋아하지 않아.

----

4 만약 내가 너를 좋아하지 않는다면

----

5 그러나 나는 너를 좋아하지 않아.

----

6 왜냐하면 나는 너를 좋아하지 않아.

----

7 그건 그렇고 나는 너를 좋아하지 않아.

----

8 나는 생각한다, 고로 나는 존재한다.

----

9 그리고 나는 너를 증오해.

----

10 그래서 나는 너를 증오해.

정답입니다! 1 Et je ne t'aime pas. 2 Ou est-ce que tu ne m'aimes pas? 3 Donc je ne t'aime pas.
4 Si je ne t'aime pas 5 Mais je ne t'aime pas. 6 Parce que je ne t'aime pas.
7 Au fait je ne t'aime pas. 8 Je pense, donc je suis. 9 Et je te hais. 10 Donc je te hais.

1 오늘 날씨 좋네.

AMÉLIE

Il fait beau aujourd'hui.
일 / 페f / 보 / 오주흐뒤이.
그것은 / 한다 / 멋진 / 오늘.

CHARLES

C'est vrai, il fait beau.
쎄 / 브v헤, 일 / 페f / 보.
그것은 ~이다 / 진실의, 그것은 / 한다 / 멋진.

Mais je préfère quand il pleut.
메 / 쥬 프헤페f흐 / 껑 / (ㄸ)일 쁠뢰.
하지만 / 나는 선호하다 / ~때 / 비 오는.

AMÉLIE

Ah oui? Pourquoi?
아 위? 뿌흐꾸아?
아 그래? 왜?

CHARLES

Parce que j'aime le son de la pluie sur les toits.
빠흐쓰 끄 / 젬므 / 을르 쏭 / 드 을라 쁠뤼이 / 쒸흐 / 을레 뚜아.
왜냐하면 / 나는 좋아하다 / 소리 / 비의 / ~위에 / 지붕.

Mais je n'aime pas être sous la pluie.
메 / 쥬 넴므 빠 / 에트흐 쑤 / 을라 쁠뤼이.
하지만 / 나는 좋아하지 않는다 / 맞는 것 / 비.

A : 오늘 날씨 좋다.
C : 그렇네, 오늘 날씨 좋네.
　　하지만 나는 비 올 때가 더 좋아.
A : 그래? 왜?
C : 왜냐하면 나는 지붕 위에 비가 떨어지는 소리를 좋아하거든.
　　하지만 비를 맞는 것은 좋아하지 않아.

TIP

◀ **Il fait beau.**
직역하면 '그것은 멋지게 한다'라는 뜻이지만, '날씨가 좋다'라는 의미입니다. 이 문장에 있는 il은 '비인칭'이라고 해서 무엇을 정확히 가리키는 것이 아닙니다. 날씨 이야기를 할 때는 항상 이 '비인칭 il'을 사용합니다.

Il fait beau : 날씨가 좋다.
Il pleut : 비가 온다.
Il neige : 눈이 온다.

C'est
────────────
'그것은 ~이다'라는 뜻의 **'C'est'**

Il pleut des cordes.
일 쁠뢰 데 꼬흐드.
비가 억수같이 쏟아지네.

AMÉLIE

Moi, je préfère la neige à la pluie.

무아, 쥬 프헤페f흐 / 을라 네주 / 아 / 을라 쁠뤼이.
나는, 나는 선호하다 / 눈 / ~보다 / 비.

CHARLES

Pourquoi?

뿌흐꾸아?
왜?

AMÉLIE

La neige ne mouille pas et c'est joli.

을라 네주 / 느 무이유 빠 / 에 / 쎄 / 졸리.
눈은 / [부정] 젖게 하다 [부정] / 그리고 / 그것은 ~이다 / 예쁜.

A : 나는 비보다 눈이 더 좋아.
C : 왜?
A : 눈은 젖게 하지 않고 예쁘잖아.

préférer A à B
'A를 B보다 더 좋아한다, 선호한다'는 뜻입니다.

Je préfère le vélo à la natation.
: 나는 수영보다 자전거를 더 좋아한다.

2 여기에 살지 않으시나 봐요?

MARGUERITE

Excusez-moi.

엑스뀌제 무아.
실례합니다.

FLORENCE

Oui?

위?
네?

MARGUERITE

Est-ce que vous savez où se trouve la poste?

에스끄 / 부v 싸베v /
우 / 쓰 트후브v / 을라 뽀쓰뜨?
(의문) / 당신은 안다 /
어디에 / 위치하다 / 그 우체국?

M : 실례합니다.
F : 무슨 일이세요?
M : 우체국이 어딘지 아시나요?

Nord, Sud, Est, Ouest.
노흐   쒸드   에스뜨 우에스뜨
북, 남, 동, 서.

Bien sûr, La Poste est à côté de la mairie.

비앙 쒸흐, 을라 뽀쓰뜨 / 에 / (ㄸ)아 / 꼬떼 / 드 을라 메히.

그럼요, 그 우체국은 / 있다 / ~에 / 옆 / 시청의.

La mairie?

을라 메히?

그 시청?

Oui, la mairie.

위, 을라 메히.

네, 그 시청.

Où se trouve la mairie?

우 / 쓰 트후브V / 을라 메히?

어디에 / 위치하다 / 그 시청?

La mairie se trouve devant le centre commercial.

을라 메히 / 쓰 트후브V / 드벙V / 을르 썽트흐 꼬메흐씨알.

시청은 / 위치하다 / 앞에 / 쇼핑센터.

Et où se trouve le centre commercial?

에 / 우 / 쓰 트후브V / 을르 썽트흐 꼬메흐씨알?

그러면 / 어디에 / 위치하다 / 쇼핑센터?

Vous n'habitez pas ici?

부V 나비떼 빠 / 이씨?

당신은 살지 않는다 / 여기에?

F : 그럼요, 우체국은 시청 옆에 있습니다.
M : 시청이요?
F : 네, 시청이요.
M : 시청은 어디에 있나요?
F : 시청은 쇼핑센터 앞에 있습니다.
M : 쇼핑센터는 어디에 있나요?
F : 여기에 살지 않으시나 봐요?

◀ **La mairie**

시청은 mairie도 있지만 hôtel de ville [오뗄 드 빌V]이라는 단어도 있습니다. 직역하면 '도시의 호텔' 이라는 뜻인데요, 이 직역 때문에 유명한 일화가 있지요. 어떤 관광객이 파리 시청에 가서 빈 방 있냐고 물었다는 이야기요.

◀ **La mairie se trouve devant le centre commercial.**

아까 '찾다', '생각하다'라는 뜻으로 배웠던 trouver 기억하시죠? 이번에는 se trouver 대명동사입니다. se trouver에도 여러 가지 뜻이 있지만 여기에서는 '~에 위치하다'라는 뜻으로 사용 됐습니다. 외국어 참 힘들죠?

Je suis perdu.
쥬 쉬이 뻬흐뒤
나는 길을 잃었어요.

 MARGUERITE

Non, je suis en voyage.
농, 쥬 쒸이 / 엉 부v아이아주.
네, 나는 ～이다 / 여행하는 중에.

 FLORENCE

D'accord.
다꼬흐.
알겠습니다.

Le centre commercial est à 500 mètres d'ici.
을르 썽트흐 꼬메흐씨알 에 / (ㄸ)아 / 쌍끄 썽 메트흐 / 디씨.
쇼핑센터는 있다 / ～에 / 500 미터 / 여기에서.

 MARGUERITE

C'est dans quelle direction?
쎄 / 덩 / 껠 / 디헥씨옹?
그것은 ～이다 / ～에 / 어느 / 방향?

 FLORENCE

Vous allez tout droit.
부v (ㅈ)알레 / 뚜 드후아.
당신은 간다 / 직진.

Quand vous voyez un grand hôtel, vous tournez à gauche.
껑 / 부v 부v아이에 / 앙 그헝 (ㄸ)오뗄,
부v 뚜흐네 / 아 / 고슈.
～할 때 / 당신은 보다 / 큰 호텔이,
당신은 돌다 / ～으로 / 왼쪽.

Vous avancez encore un peu et c'est bon.
부v (ㅈ)아벙v쎄 / 엉꼬흐 / 앙 뾔 / 에 / 쎄 봉.
당신은 앞으로 가다 / 더 / 조금만 /
그러면 / 그것은 좋다.

M : 네, 저는 여행 중입니다.
F : 그렇군요.
　　쇼핑센터는 500m 떨어진 곳에 있습니다.
M : 어느 방향인가요?
F : 쭉 가세요.
　　큰 호텔이 보이시면, 왼쪽으로 도세요.
　　그리고 앞으로 조금만 가시면 됩니다.

◀ **tout droit.**

'직진하세요'라는 의미입니다. **Tournez à gauche**
는 '왼쪽으로 도세요' 혹은 '좌회전하세요',
Tournez à droite는 '오른쪽으로 도세요' 혹은
'우회전하세요'라는 의미입니다.
Arrêtez-vous ici [아헤떼 부v 이씨]는 '여기서
세워주세요'라는 의미입니다.

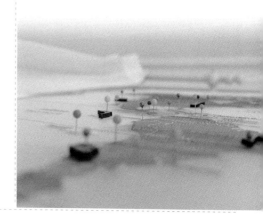

Merci beaucoup.
메흐씨 / 보꾸.
감사합니다 / 많이.

Bon voyage.
봉 부V아이아주.
즐거운 여행.

M : 감사합니다.
F : 즐거운 여행 하세요.

3 못 찾겠어.

Louis, où sont tes crayons de couleurs?
을루이, 우 쏭 / 떼 크헤용 / 드 꿀뢰흐?
루이(남성이름), 어디에 있다 / 너의 연필들 / 색깔의?

◁ **les crayons de couleurs** & **les feutres**
색연필과 사인펜은 프랑스 초,중학생들에게 필수
품입니다. 미술 시간뿐만 아니라 지리학 시간과
같은 다른 과목에서도 많이 사용하기 때문입니다.

Ils sont dans ma chambre, sur mon bureau.
일 쏭 / 덩 / 마 셩브흐, 쒸흐 / 몽 뷔흐.
그것들은 있다 / ～안에 / 내 방, ～위에 / 내 책상.

Je ne trouve pas tes crayons de couleurs.
쥬 / 느 트후브V 빠 / 떼 크헤용 / 드 꿀뢰흐.
나는 / 부정 찾는다 부정 / 너의 연필들 / 색깔의.

Ils sont à côté de mon ordinateur de bureau, devant la lampe.
일 쏭 / 아 꼬떼 드 / 몽 (ㄴ)오흐디나뙤흐
드 뷔흐, 드벙V / 을라 을렁쁘.
그것들은 있다 / ～옆에 / 나의 데스크톱 컴퓨터, ～앞에 / 그 스탠드.

◁ **ordinateur de bureau**
데스크탑을 알았다면 노트북도 알아야겠죠?
ordinateur portable
[오흐디나뙤흐 뽀흐따블]
휴대용 컴퓨터

A : 루이, 네 색연필 어디 있어?
L : 내 방에 있어, 책상 위에.
A : 못 찾겠어.
L : 내 데스크톱 컴퓨터 옆에 있어, 스탠드 앞에.

Range ta chambre!
헝주 따 셩브흐
네 방 좀 정리해!

 Ah, ils sont là.
아, 일 쏭 / 을라.
(의성어), 그것들은 있다 / 여기.

Et tes feutres, ils sont où?
에 / 떼 피f트ㅎ̃, 일 쏭 / 우?
그리고 / 너의 사인펜들, 그것들은 ~있다 / 어디에?

 Il y a une commode entre mon lit et mon étagère à livre.
일 이 아 / 윈 꼬모드 / 엉트ㅎ̃ / 몽 을리 / 에 /
몽 (ㄴ)에따제ㅎ̃ / 아 을리브v ㅎ̃.
~이 있다 / 하나의 서랍장이 / ~사이에 / 내 침대 / 그리고 /
내 선반 / 책.

Ils sont dans le tiroir d'en-dessous.
일 쏭 / 덩 / 을르 띠ㅎ̃우아ㅎ̃ / 덩 드쑤.
그것들은 ~있다 / ~안에 / 서랍 / ~밑에.

 Merci!
메ㅎ̃씨!
고마워!

A : 아, 여기 있구나.
　　네 사인펜들은 어디에 있어?
L : 내 침대랑 선반 사이에 서랍장이 하나 있어.
　　아래 서랍에 있어.
A : 고마워!

 4 캐러멜 마키아토를 마셔야겠다.

 On va dans un café pour quelque chose?
옹 바v / 덩 / (ㅈ)앙 까페f / 뿌ㅎ̃ / 껠끄 쇼즈?
우리는 간다 / ~안으로 / 카페 / ~을 위해 / 이떤 것을?

L : 카페에 가서 뭐 하나 마실까?

◀ **tiroir**

'당기다'라는 동사는 프랑스어로 tirer입니다. 서
랍은 손잡이를 잡고 당겨서 여는 것이잖아요? 그
래서 **tirer** 동사에서 파생된 단어 tiroir가 '서랍'
이 된 겁니다.

LUCIE
J'ai super soif à cause de mon déjeuner trop salé.
줴 / 쒸뻬흐̃ 수아프f / 아 꼬즈 드 / 몽 데죄네 / 트호̃ 쌀레.
나는 가지고 있다 / 엄청난 갈증 / ~ 때문에 / 내 점심식사 / 너무 짠.

CAROLINE
Pourquoi pas.
뿌흐̃꾸아 / 빠.
왜 / (부정).

LUCIE
Je vais prendre un Caramel macchiato sans crème fouettée.
쥬 베v / 프헝̃드흐̃ / 앙 꺄하̃멜 마끼아또 / 썽 / 크헴̃므 / 푸f에떼.
나는 할 것이다 / 마시다 / 캐러멜 마키아토 / ~빼고 / 크림 / 휘핑.

CAROLINE
Tu commandes comme mon frère.
뛰 꼬멍드 / 꼼므 / 몽 프f헤̃흐̃.
너는 주문하다 / ~처럼 / 내 남자형제.

Mon frère n'aime pas la crème fouettée.
몽 프f헤̃흐̃ / 넴므 빠 / 을라 크헴̃므 / 푸f에떼.
내 남자형제는 / 좋아하지 않는다 / 크림 / 휘핑.

Moi, j'adore ça.
무아, 쟈도흐̃ / 싸.
나는, 나는 엄청 좋아하다 / 그것을.

Je vais prendre un Caffè latte avec beaucoup de crème fouettée.
쥬 베v / 프헝̃드흐̃ / 앙 까페f 을라떼 / 아베v끄 /
보꾸 / 드 크헴̃므 / 푸f에떼.
나는 ~할 것이다 / 마시다 / 카페 라떼 / ~와 함께 /
많은 / 크림의 / 휘핑.

L : 점심 식사가 너무 짜서 목이 엄청 마르네.
C : 그러지 뭐.
L : 나는 휘핑 크림을 뺀 캐러멜 마키아토를 마셔야겠다.
C : 내 남동생처럼 주문하네.
내 남동생이 휘핑 크림을 좋아하지 않거든.
나는 엄청 좋아해.
나는 휘핑 크림을 많이 얹은 카페 라떼 하나 마셔야겠다.

TIP

super soif
'super'는 '매우'라는 뜻으로, 일상 대화에서 흔히 사용하는 단어입니다. 'super'보다 더 강한 표현에는 'hyper'[이뻬흐̃]가 있습니다.

Pourquoi pas.
영어의 'Why not'과 같은 형태, 같은 의미의 표현입니다. '그러자, 그것도 괜찮네'라는 뜻이죠.

J'adore ça.
'adorer'는 '숭배하다, 열렬히 사랑하다'는 뜻을 가진 단어입니다. 구어체에서는 보통 '매우 좋아하다'라는 뜻으로 사용됩니다. 영어의 'like'나 'love'와 비슷하지요.

Sentez l'arôme!
썽떼 을라홈
향을 맡아보세요!

5 페인트볼이 뭐야?

Georges, tu aimes le paintball?
조ᴇ주, 뛰 엠므 / 을르 뻬인뜨볼?
조지 남성이름, 너는 좋아하다 / 페인트볼?

C'est quoi, le paintball?
쎄 / 꾸아, 을르 뻬인뜨볼?
그것은 ~이다 / 무엇, 페인트볼?

C'est un jeu de tir réel.
쎄 / 앙 쥬 / 드 띠ᴇ / 헤엘.
그것은 ~이다 / 놀이 / 사격의 / 실제.

Tu veux me tuer?
뛰 뵈v / 므 뛰에?
너는 원하다 / 나를 죽이는 것?

Haha. Mais non. Ce n'est pas ça.
하하. 메 농. 쓰 네 빠 / 싸.
하하. 하지만 부정. 그것은 아니다 / 그것.

Le lanceur de paintball contient des billes de colorants.
을르 을렁쐬ᴇ / 드 뻬인뜨볼 / 꽁띠앙 / 데 비유 / 드 꼴로헝.
발사장치에 / 페인트볼의 / 들어있다 / 구슬들 / 물감의.

S : 조지, 너 페인트볼 좋아해?
G : 페인트볼이 뭐야?
S : 실제로 하는 총 싸움이야.
G : 날 죽이고 싶어?
S : 하하. 아니야.
　　페인트볼 총에는 물감이 들어있는 구슬이 들어있어.

◀ **Mais non.**
우리말로 직역하자면 '하지만 아니야'입니다.
'그런 거 아니야'라는 의미로, 구어체에서 흔히
사용하는 표현입니다.

Tu connais la Légion étrangère?
뛰 꼬네 을라 을레지옹 에트헝제ᴇ
너 외인부대 알아?

Ah bon? Comment est-ce qu'on joue?

아 봉? 꼬멍 / 에스꽁 주?

아 그래? 어떻게 / 의문 하는 거야?

◄ **Ah bon?**

'그래?'라는 의미의 감탄사입니다. 우리말로 직역하면 '정말이야?'라는 뜻인, 'C'est vrai?'와 'Vraiment?'도 '그래?'의 의미로 사용하는 감탄사입니다.

C'est simple. Je dois toucher les adversaires avant d'être touché.

쎄 / 쌍쁠. 쥬 두아 / 뚜셰

올레 (ㅈ)아드베v흐쎄흐 / 아벙v / 데트흐 뚜셰.

그것은 ~이다 / 간단한. 나는 ~해야 한다 / 맞추다 / 상대방들 / ~ 전에 / 맞기.

C'est vrai, c'est simple.

쎄 / 브v헤, 쎄 / 쌍쁠.

그것은 ~이다 / 진짜의, 그것은 ~이다 / 간단한.

Mais tu peux aussi te cacher derrière les murs,

메 / 뛰 뾔 / 오씨 / 뜨 꺄셰 / 데히에흐 / 올레 뮈흐,

하지만 / 너는 ~할 수있다 / 역시 / 숨다 / ~ 뒤에 / 그 벽들,

◄ **se cacher**

'숨다'라는 대명동사입니다. 아이들이 뛰어 놀면서 많이 하는 '숨바꼭질' 놀이 아시죠? 이 놀이가 프랑스어로 'cache-cache' 꺄슈 꺄슈(숨겨 숨겨)입니다.

sauter par-dessus des obstacles, passer à travers des tunnels.

쏘떼 / 빠흐 드쒸 / 데 (ㅈ)옵스따끌르,

빠쎄 / 아 트하베v흐 / 데 뛰넬.

뛰거나 / ~ 위로 / 장애물들, 지나가거나 / ~을 통해서 / 그 터널들.

C'est intéressant, je veux essayer le paintball moi aussi.

쎄 / (ㄸ)앙떼헤썽, 쥬 뾔v / 에쎄이에

올르 뻬인뜨볼 / 무아 오씨.

그것은 ~이다 / 흥미로운, 나는 원하다 / 시도하기를 / 그 페인트볼을 / 나 역시.

Allons en faire ensemble ce week-end.

알롱 / 엉 / 페f흐 / 엉썽블 / 쓰 위(ㄲ)엔드.

가자 / 그것 / 하다 / 같이 / 이번 주말에.

G : 그래? 어떻게 하는 거야?
S : 간단해. 내가 구슬에 맞기 전에 상대방을 구슬로 맞추면 돼.
G : 정말 간단하네.
S : 하지만 벽 뒤에 숨기도 하고, 장애물을 뛰어넘거나 터널을 통과하기도 해.
G : 재미있겠다, 나도 페인트볼을 해보고 싶다.
S : 이번 주말에 같이 하러 가자.

6 두 자리 잡아둘 수 있어?

OLIVIER
Allô, Victor?
알로, 빅V또흐?
여보세요, 빅터 [남성이름]?

VICTOR
Oui Olivier, qu'est-ce qu'il y a?
위 올리비V에, 께스낄 이 아?
응 올리비에 [여성이름], 무슨 [의문] ~이 있다?

OLIVIER
Le festival commence à quelle heure?
을르 페f스띠발V / 꼬멍쓰 / 아 / 껠 (ㄹ)외흐?
축제는 / 시작하다 / ~에 / 몇 시?

VICTOR
Le festival commence à 14 heures.
을르 페f스띠발V 꼬멍쓰 / 아 / 꺄또흐즈 외.
축제는 / 시작하다 / ~에 / 오후 2시.

Mais tu dois être là-bas avant 13 heures.
메 / 뛰 두아 에트흐 / 을라 바 / 아벙V / 트헤즈 외흐.
하지만 / 너는 있어야 한다 / 그곳에 / ~전에 / 오후 1시.

◀ **14 heures**
프랑스는 오전 몇 시, 오후 몇 시 라고 하지 않고 24시간을 사용합니다. 오후 1시는 13시, 오후 2시는 14시, 이런 식으로 말입니다.

◀ **là-bas**
'저기에, 그곳에'라는 의미로 사용되며, ici는 '여기에, 이곳에'라는 뜻입니다.

OLIVIER
Pourquoi?
뿌흐꾸아?
왜?

VICTOR
Parce que toutes les bonnes places sont prises à 14 heures.
빠흐쓰 끄 / 뚜뜨 / 을레 본 쁠라쓰 /
쏭 / 프히즈 / 아 / 꺄또흐즈 외흐.
왜냐하면 / 모든 / 좋은 자리들 / 있다 /
좌석이 차 있는 / ~에 / 오후 2시.

O : 여보세요? 빅터?
V : 응, 올리비에, 무슨 일이야?
O : 축제가 몇 시에 시작해?
V : 축제는 2시에 시작해.
　　하지만 1시 이전에 가 있어야 해.
O : 왜?
V : 왜냐하면 2시에는 모든 좋은 자리가 잡혀 있거든.

Pourquoi ne puis-je pas être heureux?
뿌흐꾸아 느 쀠이 쥬 빠 에트흐 외회
왜 나는 행복할 수가 없어?

04 전치사 & 접속사

이 표현 꼭 외우자!

OLIVIER

Zut. Tu peux garder deux places pour moi?

쥐뜨. 뛰 쀠 / 갸흐데 / 되 쁠라쓰 / 뿌흐 / 무아?
저런. 너는 할 수 있다 / 지키는 것을 / 두 자리 /
~위해서 / 나를?

VICTOR

Qu'est-ce qui se passe?

께쓰끼 쓰 빠쓰?
무슨 [의문] 일이야?

OLIVIER

Je vais être un peu en retard.

쥬 베V 에트흐 / 앙 쀠 / 엉 흐따흐.
나는 ~일 것이다 / 조금 / 지각.

VICTOR

Pourquoi?

뿌흐꾸아?
왜?

OLIVIER

À cause de ma voiture.

아 꼬즈 드 / 마 부V아뛰흐.
~때문에 / 나의 자동차.

Elle est en panne.

엘 에 / (ㄸ)엉 빤.
그녀는 ~이다 / 고장난.

VICTOR

Donc tu viens en métro?

동끄 / 뛰 비V앙 / 엉 / 메트호?
그러니까 / 너는 오다 / ~로 / 지하철?

O : 저런. 나를 위해서 두 자리 잡아둘 수 있어?
V : 무슨 일이야?
O : 나 조금 늦을 거야.
V : 왜?
O : 내 자동차 때문에.
  고장 났거든.
V : 그래서 지하철로 오는 거야?

◀ **Zut**

'이런! 젠장!'이라는 의미로 사용하는 감탄사입니다.

◀ **en retard**

'지각'을 알았다면 '일찍'도 알아야겠죠? 일찍은
'en avance' [엉 (ㄴ)아벙V쓰]입니다.

Je suis 2 heures en avance.
[쥬 쒸이 되 (ㅈ)외흐 엉 (ㄴ)아벙V쓰]
: 나는 두 시간 일찍 도착했다.

◀ **en métro**

métro는 축약어로 원래는 chemin de fer
métropolitain [슈망 드 페f흐 메트호뽈리
땅](수도 철도)입니다. 하지만 모든 사람들이
métro를 사용합니다.

 Non, le mécanicien vient à 13 heures.
OLIVIER
농, 을르 메꺄니씨앙 / 비v앙 / 아 / 트헤즈 외흐.
아니, 수리공이 / 오다 / ~에 / 오후 1시.

 D'accord. Je garde deux places pour toi.
VICTOR
다꼬흐. 쥬 / 갸흐드 / 되 쁠라쓰 / 뿌흐 / 뚜아.
알겠어. 나는 / 지키다 / 두 자리를 / ~위해서 / 너를.

 Merci. À tout à l'heure!
OLIVIER
메흐씨. 아 뚜 (ㄸ)아 을뢰흐!
고마워. 이따가 보자!

O : 아니, 수리공이 1시에 온대.
V : 알겠어. 두 자리 잡아 놓을게.
O : 고마워. 이따가 보자!

 ⑦ **어떤 자전거를 사야 하지?**

 Quel vélo dois-je acheter?
PIERRE
껠 / 벨v로 / 두아 쥬 / 아슈떼?
어떤 / 자전거를 / 나는 해야 한다 / 사다?

Le vélo vert ou le vélo rouge?
을르 벨v로 / 베v흐 / 우 / 을르 벨v로 / 후주?
그 자전거 / 초록색의 / 아니면 / 그 자전거 / 빨간색의?

 Quel est le problème?
LAURA
껠 / (ㄹ)에 / 을르 프호블렘?
무엇 / ~이다 / 문제?

 Ma couleur préférée est le vert.
PIERRE
마 / 꿀뢰흐 / 프헤페f헤 / 에 / 을르 베v흐.
나의 / 색깔 / 제일 좋아하는 / ~이다 / 그 초록색.

P : 어떤 자전거를 사야 하지?
　　초록색 자전거 아니면 빨간색 자전거?
L : 뭐가 문제야?
P : 내가 제일 좋아하는 색깔이 초록색이야.

◀ **À tout à l'heure!**

'잠시 후에 봐!'라는 뜻입니다. À가 여러 뜻을 가지고 있겠지만 '~에 만나다, ~에 보자'라는 뜻도 가지고 있습니다.

À demain. : 내일 보자.
[아 드망]

À la semaine prochaine. : 다음 주에 보자.
[아 을라 쓰멘느 프호쉔느]

Tout à l'heure

'이따가, 잠시 후에' 혹은 '조금 전에'라는 두 가지 뜻을 가지고 있습니다.

Tu as déjeuné tout à l'heure.
[뛰 아 데죄네 뚜 (ㄸ)아 을뢰흐]
: 너는 아까 점심 식사 했잖아.

Tu vas déjeuner tout à l'heure?
[뛰 바v 데죄네 뚜 (ㄸ)아 을뢰흐]
: 너는 이따가 점심을 먹을 거야?

Laissez-moi passer.
을레쎄 무아 빠쎄
저 좀 지나갈게요.

Achète le vélo vert alors.
아쉐뜨 / 을르 벨V로 / 베V흥 / 알로흥.
사다 / 그 자전거 / 초록색의 / 그러면.

Mais le vélo rouge coûte moins cher. ◀
메 / 을르 벨V로 / 후주 / 꾸뜨 / 무앙 쉐흥.
하지만 / 그 자전거 / 빨간색의 / 비용이 든다 / 덜 비싼.

Achète le vélo rouge alors.
아쉐뜨 / 을르 벨V로 / 후주 / 알로흥.
사다 / 그 자전거 / 빨간색의 / 그러면.

Mais le vélo vert est plus rapide.
메 / 을르 벨V로 / 베V흥 / 에 / 쁠뤼 하삐드.
하지만 / 그 자전거 / 초록색의 / ~이다 / 더 빠른.

**Si tu veux un bon vélo,
achète le vélo vert.**
씨 / 뛰 뵈V / 앙 봉 벨V로, 아쉐뜨 / 을르 벨V로 / 베V흥.
만약 / 너는 원하다 / 하나의 좋은 자전거,
사다 / 그 자전거 / 초록색의.

**Si tu veux un vélo pas cher,
achète le vélo rouge.**
씨 / 뛰 뵈V / 앙 벨V로 / 빠 쉐흥, 아쉐뜨 / 을르 벨V로 / 후주.
만약 / 너는 원하다 / 하나의 자전거 / 안 비싼,
사라 / 그 자전거 / 빨간색의.

Je n'aime pas le rouge.
쥬 넴므 빠 / 을르 후주.
나는 좋아하지 않는다 / 그 빨간색.

L : 그럼 초록색 자전거를 사.
P : 하지만 빨간색 자전거가 더 저렴해.
L : 그럼 빨간색 자전거를 사.
P : 하지만 초록색 자전거가 더 빨라.
L : 좋은 자전거를 원하면 초록색 자전거를 사.
    저렴한 자전거를 원하면, 빨간색 자전거를 사.
P : 나는 빨간색을 좋아하지 않아.

cher & pas cher
프랑스어에는 '비싸다'라는 뜻을 가진 단어 cher 가 있습니다. 하지만 '싸다, 저렴하다'라는 뜻을 가진 단어가 없습니다. 그래서 cher에 부정을 넣어서 pas cher라고 합니다.

Ce livre n'est pas cher.
[쓰 을리브V흐 네 빠 셰흥]
: 이 책은 비싸지 않아.

un bon vélo & le vélo vert ◀
처음에 나오는 '자전거'는 명확하지 않은, 그냥 '아무거나 좋은 자전거'를 가리키기 때문에 un을 사용했습니다.
두 번째 '자전거'는 '그 초록색 자전거'라고 명확하게 가리키기 때문에 le를 사용했습니다.

Je veux les deux!
쥬 뵈V 을레 되
나는 둘 다 원해!

 Alors c'est décidé.
알로흐 / 쎄 / 데씨데.
그러면 / 그것은 ~이다 / 정해진.

 Oui, donc je vais acheter le vélo rouge.
위, 동끄 / 쥬 베V 아슈떼 / 을르 벨V로 / 후주.
응, 그러니까 / 나는 살 것이다 / 그 자전거 / 빨간색의.

 Quoi?
꾸아?
뭐라고?

 Parce que je n'ai pas beaucoup d'argent.
빠흐쓰 끄 / 쥬 네 빠 / 보꾸 / 다흐정.
왜냐하면 / 나는 가지고 있지 않다 / 많은 / 돈.

L : 그럼 결정된 거네.
P : 응, 그러니까 나는 빨간색 자전거를 살 거야.
L : 뭐라고?
P : 왜냐하면 돈이 많이 없거든.

 TIP

◀ **Quoi?**
직역하면 '무엇'이지만 '뭐라고? 잘 못 들었어'의 의미를 가진 말입니다. 정중하게 '잘 못 들었습니다'라고 하려면 **Pardon** [빠흐동](죄송합니다) 혹은 **Comment** [꼬멍](어떻게, 뭐라고요?)를 사용합니다.

05

대명사 &
소유 형용사

나의, 너의, 우리의

나를, 너를, 우리를

강세형 인칭대명사

이것은 A입니다

지시형용사 Ce

A가 있다

C'est mon petit frère.
그는 내 남동생입니다.

동영상 강의

나의 집. 영어로는 my house라고 하지요. 영어에서의 my는 우리에게 친숙한 형용사입니다. 프랑스어에서는 그것이, 명사의 성, 수에 따라 변한답니다.

my book	=	mon livre	[몽 을리브v흐]	내 책
my books	=	mes livres	[메 을리브v흐]	내 책들
my house	=	ma maison	[마 메종]	내 집
my houses	=	mes maisons	[메 메종]	내 집들

책은 남성, 집은 여성. 기억하시죠?
이 모든 일이 명사를 남성과 여성으로 구분하는 것 때문에 일어나는 일이랍니다. 자, 내용을 이해하셨다면 이제 my 외의 다른 형용사들을 함께 살펴볼까요?

주어의 성, 수와는 아무런 상관이 없다.

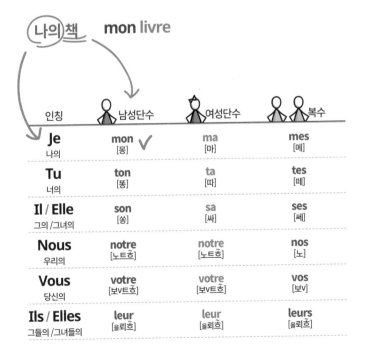

나의책　mon livre

인칭	남성단수	여성단수	복수
Je 나의	mon [몽] ✓	ma [마]	mes [메]
Tu 너의	ton [똥]	ta [따]	tes [떼]
Il / Elle 그의/그녀의	son [쏭]	sa [싸]	ses [쎄]
Nous 우리의	notre [노트흐]	notre [노트흐]	nos [노]
Vous 당신의	votre [보v트흐]	votre [보v트흐]	vos [보v]
Ils / Elles 그들의/그녀들의	leur [을뢰흐]	leur [을뢰흐]	leurs [을뢰흐]

읽어 보세요
여성이지만 mon, ton, son

여성명사 앞에는 원래 ma, ta, sa를 사용해야 합니다. 그것이 이 단원의 내용이죠. 하지만 만약에 이 명사가 모음이나 무음 h로 시작하는 경우에는 mon, ton, son을 사용합니다. 여성명사 앞인데도 불구하고 말이죠. 이러한 현상은 모음 충돌을 피하기 위한 것입니다.

남성명사 앞엔 : mon, ton, son
여성명사 앞엔 : mon, ton, son
　　　　　　　 혹은 ma, ta, sa

ma école → **mon** école
[몽 (ㄴ)에꼴] 내 학교

ta adresse → **ton** adresse
[똥 (ㄴ)아드헤쓰] 네 주소

sa amie → **son** amie
[쏭 (ㄴ)아미] 그의/그녀의 여자 친구

남성형 명사를 꾸밀 땐 남성형 소유 형용사를, 여성형 명사를 꾸밀 땐 여성형 소유 형용사를 사용합니다. 다시 말해, '우리 책'이냐, 혹은 '우리 집'이냐 하는 문제입니다. 다시 말해, 소유물의 성별에 따릅니다. 소유자의 성별과는 관련이 없습니다.

mon livre

ma maison

이번에는 수에 따른 변화를 살펴보겠습니다. 다른 모든 형용사들과 마찬가지로, 소유 형용사 역시 명사의 수에 따라 형태가 달라집니다.

mon livre

mes livres

단수명사를 꾸밀 땐 단수형 소유 형용사를, 복수명사를 꾸밀 땐 복수형 소유 형용사를 사용합니다. 다시 말해, 하나를 가지고 있느냐, 여러 개를 가지고 있느냐의 문제입니다. 다시 말해, 소유자가 '나'인지, '우리'인지와는 관련이 없습니다.

<< 읽어 보세요   **소유자의 성수는 상관이 없어요**

모든 형용사는 함께 있는 명사의 성수를 따릅니다. 소유 형용사도 마찬가지입니다. 가지고 있는 물건이 남성에 해당하는지, 여성에 해당하는지에 따라 소유 형용사의 모양이 결정되는 것입니다. 다시 말하자면, 소유자가 '남성인지 여성인지'와는 관계가 없습니다. 그림에서 소유자가 모두 노란색인 것을 봐도 알 수 있습니다.

<< 읽어 보세요   **어떤 성수를 따라야 하나요?**

무엇이 맞는 것일까요?
조금 다른 예를 들어보겠습니다. 보통 병사들은 멀리 있는 왕보다 가까이 있는 장군의 명령을 따릅니다. 물론 장군이 없다면 왕을 따르겠죠.
마찬가지로 형용사는 가까이 있는 명사의 성수를 따릅니다. 물론 명사가 없다면 멀리 있는 주어의 성수를 따르는 것이죠.

 남성 단수, 여성 단수, 복수에 따른 소유 형용사의 변화를 한눈에 비교해보고 소리 내어 읽어 보세요.

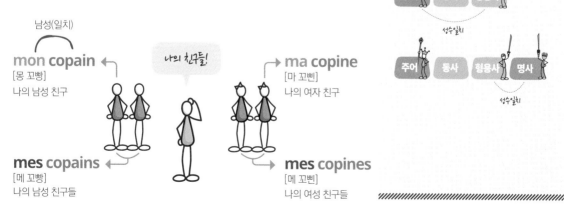

남성(일치)

mon copain ←
[몽 꼬빵]
나의 남성 친구

나의 친구들!

→ **ma** copine
[마 꼬삔]
나의 여자 친구

mes copains ←
[메 꼬빵]
나의 남성 친구들

→ **mes** copines
[메 꼬삔]
나의 여성 친구들

열 번 읽어보세요!
나의, 너의, 우리의

나의 책	mon livre	[몽 을리브v흐]
너의 책	ton livre	[똥 을리브v흐]
그의(그녀의) 책	son livre	[쏭 을리브v흐]
우리의 책	notre livre	[노트흐 을리브v흐]
당신들의 책	votre livre	[보v트흐 을리브v흐]
그들의(그녀들의) 책	leur livre	[을뢰흐 을리브v흐]

나의 책들	mes livres	[메 을리브v흐]
너의 책들	tes livres	[떼 을리브v흐]
그의(그녀의) 책들	ses livres	[쎄 을리브v흐]
우리의 책들	nos livres	[노 을리브v흐]
당신들의 책들	vos livres	[보v 을리브v흐]
그들의(그녀들의) 책들	leurs livres	[을뢰흐 을리브v흐]

나의 집	ma maison	[마 메종]
너의 집	ta maison	[따 메종]
그의(그녀의) 집	sa maison	[싸 메종]
우리의 집	notre maison	[노트흐 메종]
당신들의 집	votre maison	[보v트흐 메종]
그들의(그녀들의) 집	leur maison	[을뢰흐 메종]

나의 집들	mes maisons	[메 메종]
너의 집들	tes maisons	[떼 메종]
그의(그녀의) 집들	ses maisons	[쎄 메종]
우리의 집들	nos maisons	[노 메종]
당신들의 집들	vos maisons	[보v 메종]
그들의(그녀들의) 집들	leurs maisons	[을뢰흐 메종]

한번 써볼까요?

인칭	남성단수	여성단수	복수
Je 나의			
Tu 너의			
Il / Elle 그의 /그녀의			
Nous 우리의			
Vous 당신의			
Ils / Elles 그들의/그녀들의			

Practice
'나의'만 연습

따라 말하기

 빈칸을 채워 보세요.

남성 명사

âge	[아주]	**나이, 연령**
ami	[아미]	**친구, 애인**
billet	[비예]	**표, 티켓**
frère	[프f헤흐̃]	**남자 형제**

여성 명사

joie	[주아]	**기쁨, 환희**
idée	[이데]	**생각, 사상**
maison	[메종]	**집**
sœur	[쐬흐̃]	**여자 형제**

1 나의 나이

Mon   âge

2 나의 남성 친구

3 나의 여성 친구

4 나의 친구들

5 나의 여성 친구들

6 나의 티켓

7 나의 티켓들

8 나의 기쁨

9 나의 생각

10 나의 생각들

11 나의 집

12 나의 남자 형제

13 나의 여자 형제

14 나의 남자 형제들

15 나의 여자 형제들

정답입니다! 🔟 Mon âge ② Mon ami ③ Mon amie ④ Mes amis ⑤ Mes amies ⑥ Mon billet
⑦ Mes billets ⑧ Ma joie ⑨ Mon idée ⑩ Mes idées ⑪ Ma maison ⑫ Mon frère
⑬ Ma sœur ⑭ Mes frères ⑮ Mes sœurs

 빈칸을 채워 보세요.

남성 명사		
âge	[아주]	나이, 연령
ami	[아미]	친구, 애인
billet	[비예]	표, 티켓

여성 명사		
joie	[주아]	기쁨, 환희
idée	[이데]	생각, 사상

1 너의 나이

Ton âge

2 너의 남성 친구

3 그녀의 티켓

4 그들의 생각

5 우리들의 친구들

6 당신의 나이

7 그의 기쁨

8 그녀의 생각

9 너의 기쁨

10 너의 티켓들

11 그들의 친구들

12 우리들의 기쁨

13 당신의 생각들

14 너의 여성 친구들

15 너의 생각

정답입니다! 1 Ton âge 2 Ton ami 3 Son billet 4 Leur idée 5 Nos amis 6 Votre âge
7 Sa joie 8 Son idée 9 Ta joie 10 Tes billets 11 Leurs amis 12 Notre joie
13 Vos idées 14 Tes amies 15 Ton idée

한눈에 배운다!
나를, 너를, 우리를

영어는 me

동영상 강의

TIP

우리말에서 '나는'과 '나를'은 다른 의미입니다. '너는'과 '너를'도 마찬가지고요. 영어로 치면 'I'와 'me'의 차이인 것이죠. 주격으로 쓰이는 'I'와 목적격으로 쓰이는 'me'는 다릅니다.
어떻게 다른지 영어 문장으로 살펴보고, 목적격 대명사에 대해 이해해 볼까요?

나 (주격)
I love you.
You love me.
나를 (목적격)

앞에 쓰이는 '나는'의 'I'는 주격의 '나', 뒤에 쓰이는 '나를'의 'me'는 목적격의 '나'임을 확실히 이해하셨다면, 본격적으로 **목적격 대명사 7가지**를 알아봅시다.

<< 읽어 보세요   **목적격 대명사 위치 변화**

한국어나 영어는 목적어 자리에 대명사가 오지요? 명사와 대명사를 구분하지 않습니다. 그런데 프랑스어에서 이처럼 위치가 바뀌는 것은 명사보다 대명사가 더 익숙하기 때문입니다. 주어와 연결된 한 덩이로 묶어 익숙한 세트를 만들어 주려는 습관으로 이해하면 좋겠습니다.

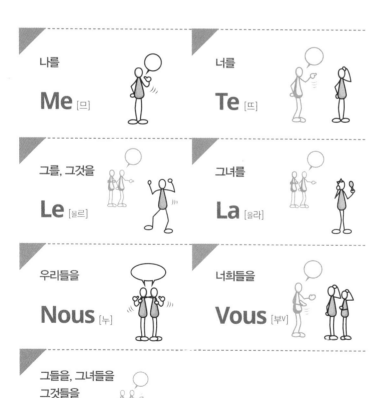

나를
Me [므]

너를
Te [뜨]

그를, 그것을
Le [올르]

그녀를
La [올라]

우리들을
Nous [누]

너희들을
Vous [부]

그들을, 그녀들을
그것들을
Les [올레]

<< 읽어 보세요   **목적격 대명사는 앞으로 이동!**

'케이크'라고 말하면 동사의 뒤에, '그것'이라고 말하면 동사의 앞에 둡니다.
• Je mange un gâteau.
  나는 케이크를 먹는다.
• Je le mange.
  나는 그것(케이크)을 먹는다.

'사과'라고 말하면 동사의 뒤에, '그것'이라고 말하면 동사의 앞에 둡니다.
• Je mange une pomme.
  나는 사과를 먹는다.
• Je la mange.
  나는 그것(사과)을 먹는다.

'산들'이라고 말하면 동사의 뒤에, '그것들'이라고 말하면 동사의 앞에 둡니다.
• Nous regardons les montagnes.
  우리는 산들을 본다.
• Nous les regardons.
  우리는 그것들(산들)을 본다.

 주어진 주격 대명사를 목적격 대명사로 변화시켜 보세요.

1. Je _____   2. Tu _____

3. Il _____   4. Elle _____

5. Nous _____   6. Vous _____

7. Ils,Elles _____

여기서 잠깐! 한 가지 귀찮은 주의사항이 있습니다.
목적격 대명사를 사용하면, 그것이 동사와 자리가 바뀌는 현상이 일어납니다.

나는 의사를 만난다. ⟶ 나는 그를 만난다.

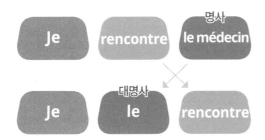

Je   rencontre   명사
                    le médecin

Je   대명사
      le   rencontre

 목적격 대명사가 쓰인 다음 문장들을 열 번 읽어보세요.

1. 나는 나를 좋아한다.   **Je m'aime.**

2. 나는 너를 좋아한다.   **Je t'aime.**

3. 나는 그를 좋아한다.   **Je l'aime.**

4. 나는 그녀를 좋아한다.   **Je l'aime.**

5. 나는 우리를 좋아한다.   **Je nous aime.**

6. 나는 당신을 좋아한다.   **Je vous aime.**

7. 나는 그들을 좋아한다.   **Je les aime.**

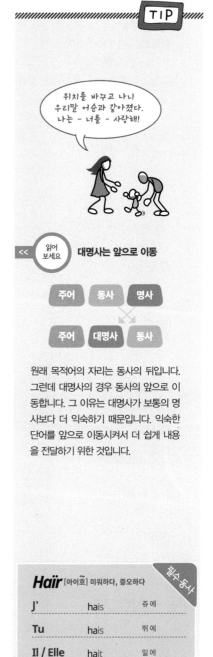

TIP

위치를 바꾸고 나니 우리말 어순과 같아졌다. 나는 - 너를 - 사랑해!

《 읽어 보세요   **대명사는 앞으로 이동**

주어 동사 명사
  ╳
주어 대명사 동사

원래 목적어의 자리는 동사의 뒤입니다. 그런데 대명사의 경우 동사의 앞으로 이동합니다. 그 이유는 대명사가 보통의 명사보다 더 익숙하기 때문입니다. 익숙한 단어를 앞으로 이동시켜서 더 쉽게 내용을 전달하기 위한 것입니다.

Haïr [아이흐] 미워하다, 증오하다   필수동사

J'	hais	쥬 에
Tu	hais	뛰 에
Il / Elle	hait	일 에
Nous	haïssons	누 아이쏭
Vous	haïssez	부ᵛ 아이쎄
Ils / Elles	haïssent	일 아이쓰

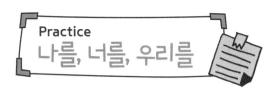

 빈칸을 채워 보세요.

1. 나는 나를 좋아한다.

Je   m'   aime

2. 나는 너를 좋아한다.

3. 나는 그를 좋아한다.

4. 나는 그녀를 좋아한다.

5. 나는 우리를 좋아한다.

6. 나는 당신을 좋아한다.

7. 나는 그들을 (그녀들을) 좋아한다.

8. 그는 나를 증오한다.

9. 그는 너를 증오한다.

10. 그는 그를 증오한다.

11. 그는 그녀를 증오한다.

12. 그는 우리를 증오한다.

13. 그는 당신을 증오한다.

14. 그는 그들을 (그녀들을) 증오한다.

정답입니다! ① Je m'aime. ② Je t'aime. ③ Je l'aime. ④ Je l'aime. ⑤ Je nous aime. ⑥ Je vous aime. ⑦ Je les aime. ⑧ Il me hait. ⑨ Il te hait. ⑩ Il le hait. ⑪ Il la hait. ⑫ Il nous hait. ⑬ Il vous hait. ⑭ Il les hait.

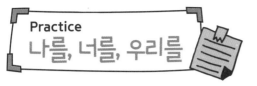

Practice
나를, 너를, 우리를

따라 말하기

 다음 문장들을 프랑스어로 적어 보세요.

1 너는 그것을 먹는다.　　　　**Tu le manges.**

-----

2 그는 내게 말을 한다.

-----

3 나는 그녀를 본다.

-----

4 우리는 너를 좋아한다.

-----

5 당신은 그들을 증오합니다.

-----

6 그녀는 나를 좋아한다.

-----

7 그녀들은 당신에게 말을 합니다.

-----

8 너는 우리를 본다.

-----

9 그는 나를 증오한다.

-----

10 그는 그를 증오한다.

한눈에 배운다!
강세형 인칭대명사

Moi
Toi

지금까지 우리는 인칭대명사에 대한 여러 가지를 배웠습니다.

1. 나는, 너는 Je suis, Tu es   [주격 대명사 I am, You are]
2. 나의, 너의 mon, ton...   [소유 형용사 my, your]
3. 나를, 너를 me, te   [목적격 대명사 me, you]

이번에는 그 마지막 내용으로 '강세형 인칭대명사'에 대해 배워보려고 합니다. 영어의 인칭대명사는 주격과 목적격, 이렇게 두 가지밖에 없습니다. 이에 비해 프랑스어에는 인칭대명사가 한 가지 더 있는 셈인데요, 이 '강세형 인칭대명사'가 사용되는 경우는 단 한 가지로만 기억하시면 됩니다.

"동사 앞이 아닐 때"

간단한 원칙이죠? 이 원칙을 예문에 적용시켜보면 다음과 같습니다.

TIP

일단 가벼운 마음으로 익숙하게 해두자.

Moi? J'aime les chats.
나?   나는 / 좋아한다 / 그 / 고양이를

    ↳ 이 주어는 동사 앞에 있으므로 강세형을 사용하지 않습니다.

↳ 독립적으로 사용된 이 인칭대명사는 동사 앞에 있지 않으므로 강세형 Moi를 사용합니다.

Il m'aime.
그는 / 나를 / 좋아한다.

    ↳ 목적격 인칭대명사는 동사 앞에 둡니다.
      따라서 강세형을 사용하지 않습니다.

Il aime moi et toi.
그는 / 좋아한다 / 나 그리고 너를

    ↳ 접속사로 연결된 인칭대명사는
      동사 앞으로 이동하지 않으므로 강세형을 사용합니다.

Viens à moi.
와 / ~에게 / 나

    ↳ 전치사 + 인칭대명사는 동사 앞으로
      이동하지 않으므로 강세형을 사용합니다.

≪ 더 알아 봅시다   **강세형 인칭 대명사**

Moi	나	**1인칭 단수**
Toi	너	**2인칭 단수**
Lui	그	**3인칭 단수 - 남성**
Elle	그녀	**3인칭 단수 - 여성**
Nous	우리	**1인칭 복수**
Vous	당신	**2인칭 복수**
Eux	그들	**3인칭 복수 - 남성**
Elles	그녀들	**3인칭 복수 - 여성**

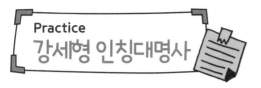

 문장을 완성해 보세요.

1 나는 집에 간다.   Je vais chez moi.

2 그는 너의 집에 간다.

3 이것은 내 것이다.

4 나도 한국인이다.

5 그는 배고프지만 나는 목이 마르다.

6 나는 여기에 있을 것이다.

7 너는 움직이지 마.

8 그들은 프랑스어를 하지 못한다.

9 나는 모른다.

10 그와 나, 우리는 프랑스인이다.

정답입니다! 1 Je vais chez moi. 2 Il va chez toi. 3 C'est à moi. 4 Moi aussi je suis Coréen.
5 Il a faim mais moi j'ai soif. 6 Moi je reste ici. 7 Toi, tu ne bouges pas.
8 Eux, ils ne parlent pas français. 9 Je ne sais pas, moi. 10 Lui et moi, nous sommes Français.

한눈에 배운다!

이것은 A입니다

영어는
This

동영상 강의

'**이것**'은 프랑스어로 **ce**[쓰]입니다. 사실 ce는 '이것, 저것, 그것'을 모두 의미하죠. 재미있는 것은, 이 표현은 단수와 복수 형태가 똑같다는 것입니다.

ce [쓰] : **이것, 이것들, 저것, 저것들, 그것, 그것들**
영어로 this, these, that, those

이 표현들은 물론 3인칭입니다. **Être 동사의 3인칭 복수와 단수 표현 est와 sont**을 기억하시나요? 주어는 모두 ce를 사용하지만, 동사는 est와 sont를 구분해주어야 합니다.

지시대명사는 일단 '이것'으로 충분!

이것은 : **C'** **est**

이것들은 : **Ce** **sont**

C'est 뒤에는 명사와 형용사가 올 수 있습니다. 사람 이름이 올 수도 있습니다. 하지만 Ce sont 뒤에는 형용사가 올 수 없습니다.

+ 형용사

▶ 이것은 아름답다.

C' **est** **beau** **O**

▶ 이것들은 아름답다.

Ce **sont** **beaux** **X**

+ 명사

▶ 이것은 나의 생각이다.

C' **est** **mon idée** **O**

▶ 이것들은 나의 생각이다.

Ce **sont** **mes idées** **O**

<< 읽어보세요 **사실 더 많은 지시대명사가 있지만...**

본문에서 정리한 바와 같이, Ce는 복수 명사에 대해 말하는 형용사와 함께 사용할 수 없습니다. 황당하시죠? 게다가 그 대신 어떤 지시대명사를 써야하는지도 가르쳐드리지 않을 예정입니다. 이것도 황당하시죠? 여기에는 다음의 두 가지 이유가 있습니다.

1 영어에서 지시대명사는 it, this, that 정도가 전부입니다. 하지만 프랑스어에는 10개가 훨씬 넘는 지시대명사들이 있습니다. 게다가 사용법도 매우 복잡하기 때문에 초급 단계에서 배우는 것은 무리입니다.

2 사실 프랑스어에서 지시대명사는 별로 사용할 필요가 없습니다. 옆에서 배운 Ce 마저도 말이죠. 왜냐하면 프랑스어에서는, 사물에 대해 말할 때도 모두 인칭대명사를 사용할 수 있기 때문입니다.

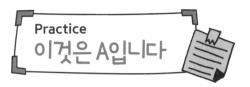

 빈칸을 채워 보세요.

1 이것들은 나의 생각입니다.

Ce | sont | mes idées

2 이 사람들은 제 친구들입니다.

3 이것은 그의 가게입니다.

4 이것은 그녀의 생각입니다.

5 이 사람은 그들의 친구입니다.

6 그것이 제 나이입니다.

7 이것은 당신의 티켓입니다.

8 이것이 그녀의 기쁨입니다.

9 이것은 내 텔레비전입니다.

10 이것은 그의 티켓입니다.

11 이것은 좋습니다.

좋은, 적절한 : bon 봉

12 이것은 사실입니다.

사실의, 진정한 : vrai 브v헤

13 이것이 다입니다.

모두, 모든 것 : tout 뚜

14 이것이 끝입니다.

끝 : fin 핀f

정답입니다! 1 Ce sont mes idées. 2 Ce sont mes amis. 3 C'est son magasin. 4 C'est son idée. 5 C'est leur ami. 6 C'est mon âge. 7 C'est votre billet. 8 C'est sa joie. 9 C'est ma télévision. 10 C'est son billet. 11 C'est bon. 12 C'est vrai. 13 C'est tout. 14 C'est la fin.

한눈에 배운다!
지시형용사 Ce

영어는 This

영어의 **This**는 지시대명사이지만 형용사로 사용될 때도 있습니다. 이런 경우를 **'지시형용사'**라고 부르는데, 단어의 모양은 똑같습니다. 다음과 같이 말이죠.

this - 지시대명사
this boy - 지시형용사

프랑스어 역시 마찬가지입니다. 위에서 배운 **ce**[쓰]를 지시형용사로도 활용합니다. 명사와 함께 사용해야 하니 일반적인 형용사처럼 여성형과 복수형이 존재하겠네요. 한번 살펴보겠습니다.

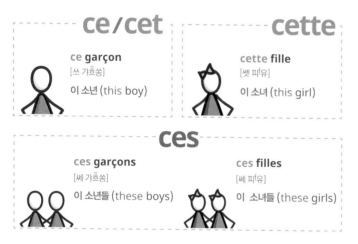

ce / cet

ce garçon
[쓰 가흐쏭]
이 소년 (this boy)

cette

cette fille
[쎗 피유]
이 소녀 (this girl)

ces

ces garçons
[쎄 가흐쏭]
이 소년들 (these boys)

ces filles
[쎄 피유]
이 소녀들 (these girls)

* ce / cet 의 차이점:
명사가 모음 혹은 H [묵음 아쉬]로 시작할 때는 cet을 사용하시면 됩니다.

TIP

<< 읽어
보세요 **ce + 시간명사**

지시형용사로서의 ce 뒤에 시간을 나타내는 명사를 사용하면 '이번'이라는 의미를 가지게 됩니다.

ce matin [쓰 마땅] : 오늘 아침
ce soir [쓰 쑤아흐] : 오늘 저녁
cette nuit [쎗 뉘이] : 오늘 밤
cette semaine [쎗 쓰멘느] : 이번 주

이 사람, 이 소년

 빈칸 안에 지시형용사와 명사를 써넣어 보세요.

1 이 남자   cet homme

2 이 여자

3 이 소년

4 이 소녀

5 이 소년들

6 이 소녀들

7 이 좌석

8 이 뮤지컬

9 이 그림

10 이 노래

11 이 영화

12 이 습관

👤 남성 명사

homme	[옴므]	남자
film	[필f므]	영화
tableau	[따블로]	그림

👤 여성 명사

femme	[팜f므]	여자
place	[쁠라쓰]	광장,좌석
chanson	[셩쏭]	노래
habitude	[아비뛰드]	습관
comédie musicale	[꼬메디 뮤지깔]	뮤지컬

정답입니다! **1** cet homme **2** cette femme **3** ce garçon **4** cette fille **5** ces garçons **6** ces filles
7 cette place **8** cette comédie musicale **9** ce tableau **10** cette chanson **11** ce film
12 cette habitude

따라 말하기

 문장을 완성해 보세요.

1 이 남자는 아름답다.   Cet homme est beau.

2 이 여자는 못생겼다.

3 이 소년은 학생이다.

4 이 소녀는 아이스크림을 먹는다.

5 이 뮤지컬은 재미있다.

6 이 좌석은 비어있다.

7 이 영화는 아름답다.

8 이 습관은 좋다.

9 이 노래는 아름답다.

10 이 그림은 오래되었다.

정답입니다!
　① Cet homme est beau. ② Cette femme est laide. ③ Ce garçon est étudiant.
　④ Cette fille mange une glace. ⑤ Cette comédie musicale est amusante.
　⑥ Cette place est vide. ⑦ Ce film est magnifique. ⑧ Cette habitude est bonne.
　⑨ Cette chanson est magnifique. ⑩ Ce tableau est ancien.

동영상 강의

1. 늑대가 한 마리 있었어요.
2. 혹시 어떤 문제라도 있나요?

위 두 문장의 공통점은 무엇일까요? 바로 '존재'에 관한 표현이라는 점입니다. 쉽게 말해 무엇이 있는지, 없는지를 이야기하고 있다는 점이죠. 영어로는 **There is, There are**라고 말하는 바로 그 표현입니다.

이런 표현을 할 때 프랑스어에서는 **Il y a**[일 이 아]를 사용한답니다. 주어는 물론, 동사까지 단수와 복수 모두 똑같은 형태랍니다. Être 동사가 아닌 Avoir 동사를 사용한다는 점, 잊지 마세요.

There is / are : **Il** **y a**

▶ 책 한 권이 있다.

Il **y a** **un livre**

▶ 책들이 있다.

Il **y a** **des livres**

Il y a를 사용한 부정문을 한번 만들어볼까요?
이것 역시 y a앞뒤로 ne~pas만 붙이면 됩니다.

▶ 택시가 없다.

Il *n'* **y a** *pas* **de taxi**

▶ 아이디어가 없다.

Il *n'* **y a** *pas* **d'idée**

TIP

읽어
보세요 **의문문 만들기**

‣ Est-ce qu' **il y a** du café?
커피 있나요?

‣ Est-ce qu' **il y a** des devoirs?
숙제 있나요?

‣ Est-ce qu' **il y a** des livres?
책들 있나요?

‣ Est-ce qu' **il y a** des personnes?
사람들 있나요?

‣ Est-ce qu' **il y a** des bus?
버스가 있나요??

Practice
A가 있다

따라 말하기

 다음 문자들을 프랑스어로 적어 보세요.

1 버스가 한 대 있어.   Il y a un bus.

2 사고가 났어.

3 오류가 있어.

4 해결책이 있어.

5 버스가 없어.

6 오류 난 거 없어.

7 해결책이 없어.

8 택시들이 있어

9 이유가 많아.

10 문제가 많아.

11 아이디어가 많아.

12 택시가 없어.

정답입니다! 1 Il y a un bus. 2 Il y a un accident. 3 Il y a une erreur. 4 Il y a une solution.
5 Il n'y a pas de bus. 6 Il n'y a pas d'erreur. 7 Il n'y a pas de solution. 8 Il y a des taxis.
9 Il y a des raisons. 10 Il y a des problèmes. 11 Il y a des idées. 12 Il n'y a pas de taxi.

1 코르시카 섬에서 만나기로 했어.

TIP

AMÉLIE
Maman, où sont mes lunettes de soleil?
마멍, 우 / 쏭 / 메 을뤼네뜨 드 쏠레이유?
엄마, 어디 / 있다 / 나의 선글라스?

OLIVIA
Tes lunettes sont là-bas, sur ton bureau.
떼 을뤼네뜨 / 쏭 / 을라 바, 쒸흐 / 똥 뷔호.
너의 안경 / 있다 / 저기에, ~위에 / 너의 책상.

AMÉLIE
Et nos billets d'avion, ils sont où?
에 / 노 비예 / 다비V옹, 일 쏭 / 우?
그리고 / 우리의 티켓들 / 비행기, 그것들은 있다 / 어디에?

OLIVIA
Ton père a pris les billets et le reste de nos bagages.
똥 뻬흐 / 아 프히 / 을레 비예 / 에 / 을르 헤스뜨 / 드 노 바갸주.
너의 아버지 / 가져갔다 / 그 티켓들 / 그리고 / 나머지 / 우리 짐들.

AMÉLIE
Tes amis, ils viennent à l'aéroport?
떼 (ㅈ)아미, 일 / 비V엔느 / 아 을라에호뽀흐?
당신(엄마)의 친구들, 그들 / 오다 / 공항에?

OLIVIA
On s'est donné rendez-vous en Corse.
옹 / 쎄 도네 / 헝데 부 / 엉 꼬흐쓰.
우리는 / 자신에게 주다 / 만날 약속 / 코르시카 섬에서.

A : 엄마, 내 선글라스 어디에 있어?
O : 네 선글라스 저기 있잖아, 네 책상 위에.
A : 우리 비행기 표는 어디에 있어?
O : 티켓이랑 나머지 짐들은 아빠가 가져갔어.
A : 엄마 친구 분들은 공항으로 와?
O : 코르시카 섬에서 만나기로 했어.

lunettes de soleil
'lunettes'는 안경, 'soleil'는 태양을 뜻하는 단어입니다. 이 둘을 합쳤으니 직역하면 '태양용 안경', 즉 **'선글라스'**라는 뜻이 되지요.

ici & là-bas
'ici'는 '여기', 'là-bas'는 '저기'를 뜻합니다.

Ce sont les vacances!
쓰 쏭 을레 바V껑쓰
방학이다!

se donner rendez-vous
그냥 외워야 할 하나의 표현입니다. **'se donner'**는 '자기 자신에게 주다', rendez-vous는 **'약속'**이라는 뜻이에요. 합쳐서 직역하자면 '자기 자신에게 약속을 주다'가 되고요.

la Corse
프랑스 남쪽에 있는 섬인데요, '**프랑스의 제주도**' 정도라고 생각하시면 됩니다.

2 오랜만이야!

 Eh, Sébastien, comment vas-tu?
DANIEL
에, 세바스띠앙, 꼬멍 / 바v 뛰?
어이, 세바스찬 (남성이름), 어떻게 / 너는 가다?

 Eh Daniel, ça fait longtemps!
SEBASTIAN
에 / 다니엘, 싸 페f / 을롱떵!
어이 / 다니엘(남성이름), 그것은 되었다 / 오래!

Je vais super bien, et toi?
쥬 베v / 쒸뻬흐 비앙, 에 / 뚜아?
나는 가다 / 매우 잘, 그리고 / 너?

 Je vais très bien aussi,
DANIEL
쥬 베v / 트헤 비앙 / 오씨,
나는 가다 / 매우 잘 / 또한,

comment va ta famille?
꼬멍 / 바v / 따 파f미유?
어떻게 / 가다 / 너의 가족?

 Mon père travaille toujours chez Old Stairs.
SEBASTIAN
몽 뻬흐 / 트하바v이유 / 뚜주흐 / 쉐 / 올드 쓰떼흐즈.
나의 아버지 / 일하다 / 항상 / 회사에서 / 올드 스테어즈.

Ma mère continue de travailler aussi.
마 메흐 / 꽁띠뉘 / 드 트하바v이에 / 오씨.
나의 어머니는 / 계속 / 일하는 것 / 또한.

D : 어이 세바스찬, 잘 지냈어?
S : 어이 다니엘, 오랜만이네!
　　나야 무지 잘 지내지, 너는?
D : 나도 매우 잘 지내고 있어.
　　네 가족은 잘 지내?
S : 아버지는 아직도 올드 스테어즈에서 일하고 계셔.
　　어머니도 아직 일하셔.

 TIP

Je ne connais pas Old Stairs.
쥬 느 꼬네 빠 올드 쓰떼흐즈
나는 올드 스테어즈를 몰라.

◀ **travailler chez Old Stairs**
직역하자면 '올드 스테어즈네 집에서 일하다'이
겠지만, 여기에서는 '올드 스테어즈 회사에서 일
하다'라는 뜻입니다.

Mon frère travaille avec moi depuis quelques mois, il est stagiaire.

몽 프f헤흐 / 트하바v이유 / 아베v끄 / 무아 / 드뷔이 / 껠끄 / 무아, 일 에 / 쓰따지에흐.
나의 남자 형제는 / 일하다 / ~와 함께 / 나 / ~ 전부터 / 몇몇의 / 달, 그는 ~이다 / 실습생.

Comment va ta famille?

꼬멍 / 바v / 따 파f미유?
어떻게 / 가다 / 너의 가족은?

Mon père est en Chine, il revient dans quelques semaines.

몽 뻬흐 에 / (ㄸ)엉 신, 일 흐비v앙 / 덩 / 껠끄 / 쓰멘느.
나의 아버지는 있다 / 중국에, 그는 돌아 온다 / ~ 후에 / 몇몇의 / 주.

Il nous manque beaucoup.

일 / 누 멍끄 / 보꾸.
그를 / 우리는 보고 싶어하다 / 많이.

Ma mère est à la maison.

마 메흐 / 에 / (ㄸ)아 올라 메종.
나의 어머니는 / 있다 / 집에.

Mes sœurs ont une bijouterie en ligne.

메 쐬흐 옹 / 윈 비주뜨히 / 엉 을리뉴.
내 여자형제들은 있다 / 보석가게가 / 온라인의.

S : 내 남동생은 몇 달 전부터 나랑 일하고 있어. 실습생이야.
네 가족은 어떻게 지내?
D : 아버지는 중국에 계셔, 몇 주 후에 들어오셔.
우리 가족이 모두 보고 싶어해.
어머니는 집에 계셔.
내 여동생들은 온라인 보석가게를 운영하고 있어.

◁ **Il nous manque beaucoup.**
'누군가가 보고 싶다'는 프랑스 말로 '누군가가 나에게 모자라다'라고 합니다. 이 문장에서 Il 이 '그', nous가 '우리에게' 그리고 manque가 '모자라다'입니다. 해석하면 '우리는 그가 보고 싶다' 이겠죠?

◁ **en ligne**
'온라인'이라는 뜻입니다. '오프라인'은 'hors ligne' [오흐 을리뉴]입니다.

3 가방을 집에 두고 왔어.

GEORGES

Tu peux me prêter ton livre, s'il te plaît?

뛰 뾔 / 므 프헤떼 / 똥 을리브v흐, 씰 뜨 쁠레?
너는 할 수 있다 / 나에게 빌려주는 것 / 너의 책,
네게 부탁하다?

PIERRE

Tu n'as pas ton livre?

뛰 / 나 빠 / 똥 을리브v흐?
너는 / 부정 가지고 있다 부정 / 너의 책?

GEORGES

Non, mon livre est à la maison.

농, 몽 을리브v흐 / 에 / (ㄸ)아 을라 메종.
아니, 나의 책 / 있다 / 집에.

Est-ce que tu peux me prêter ton stylo vert?

에스끄 / 뛰 뾔 / 므 프헤떼 / 똥 쓰띨로 / 베v흐?
의문 / 너는 할 수 있다 / 나에게 빌려주는 것 /
너의 볼펜 / 초록색의?

PIERRE

Tu n'as pas ton stylo vert?

뛰 / 나 빠 / 똥 스띨로 / 베v흐?
너는 / 부정 가지고 있다 부정 / 너의 볼펜 / 초록색의?

G : 네 책 좀 빌려줄 수 있어?
P : 네 책 없어?
G : 응, 내 책은 집에 있어.
　　네 초록색 볼펜 빌려줄 수 있어?
P : 네 초록색 볼펜 없어?

TIP

◁ **Tu peux me prêter ton livre?**
프랑스에서는 교재가 학교의 것입니다. 교재는
학생이 1년 동안 무료로 빌려서 쓰는 것이고, 학
년을 마치고 학교에 돌려주면 후배들이 그 교재
를 다시 사용하는 것입니다. 당연히 교재에는 아
무것도 쓰면 안 되지요. 그래서 학생들은 수업을
받아 적을 수 있는 공책이나 종이를 가지고 다니
며, 교재가 무겁다고 집에 두고 다니고 친구의 책
을 같이 보는 학생들이 꽤 많습니다.

◁ **stylo vert & stylo bleu & stylo rouge**
프랑스에서는 초등학교 때부터 일반 글을 쓸 때는
파란 볼펜을, 중요한 것을 체크하거나 밑줄을 그
을 때는 **빨간 볼펜**을, 그리고 연습 문제나 숙제,
시험 답안을 작성하며 고칠 때는 **초록색 볼펜**을
사용하도록 교육받습니다.

Non, il est chez moi.
농, 일 에 / 쉐 무아.
아니, 그것은 ~있다 / 나의 집에.

Ce sont tes feuilles?
쓰 쏭 / 떼 푀f이유?
이것들은 ~이다 / 너의 종이들?

Je peux en prendre?
쥬 쀠 / 엉 / 프헝드흐?
나는 할 수 있다 / 이것 / 가져가다?

Tu m'embêtes!
뛰 / 멍베뜨!
너는 / 나를 귀찮게 하다!

Où sont tes affaires?
우 / 쏭 / 떼 (ㅈ)아페f흐?
어디 / 있다 / 너의 소지품들?

Mes affaires sont à la maison.
메 (ㅈ)아페f흐 / 쏭 / (ㄸ)아 올라 메종.
나의 소지품들 / 있다 / 그 집에.

J'ai laissé mon sac chez moi.
쥐 올레쎄 / 몽 싹 / 쉐 무아.
나는 두고 오다 / 나의 가방 / 나의 집에.

G : 응, 집에 있어.
　　이거 네 종이들이니?
　　내가 몇 장 가져가도 돼?
P : 귀찮게 구네!
　　네 소지품들은 다 어디에 있어?
G : 내 소지품들은 다 집에 있어.
　　가방을 집에 두고 나왔어.

Mon sac est trop lourd.
몽 싹 에 트호 을루흐.
내 가방이 너무 무거워.

◀ **J'ai laissé mon sac chez moi.**
여기서 **'laisser'** 동사는 복합과거 시제로 변형되어 있습니다. 동사를 복합과거 시제로 변형할 때는, **'avoir'**나 **'être'**동사들이 조동사로 사용됩니다. 프랑스어에 과거 시제가 많기 때문에 여기서 모두 설명할 수 없지만, **복합과거**는 구어에서 가장 많이 사용하는 과거 시제입니다.

4 이건 뭐야?

CAROLINE

C'est quoi ça?
쎄 / 꾸아 / 싸?
그것은 ~이다 / 무엇 / 이것?

MARIE

C'est ma guitare.
쎄 / 마 기따흐.
그것은 ~이다 / 나의 기타.

Ne touche pas à ma guitare.
느 뚜슈 빠 / 아 마 기따흐.
[부정] 만져라 [부정] / 나의 기타.

CAROLINE

Et ça c'est quoi?
에 싸 / 쎄 / 꾸아?
그럼 이건 / 그것은 ~이다 / 무엇?

MARIE

Ce sont mes mangas.
쓰 쏭 / 메 멍갸.
그것들은 ~이다 / 나의 만화책들.

Ne touche pas à mes mangas, ils sont fragiles.
느 뚜슈 빠 / 아 메 멍갸, 일 쏭 프f하질.
[부정] 만지다 [부정] / 나의 만화책들, 그것들은 약하다.

CAROLINE

Et ça c'est quoi?
에 / 싸 / 쎄 꾸아?
그리고 / 이건 / 그것은 ~이다 / 무엇?

C : 이게 뭐야?
M : 그건 내 기타야.
　　내 기타 만지지 마.
C : 그럼 이건 뭐야?
M : 그건 내 만화책들이야.
　　내 만화책들 만지지 마, 엄청 약해.
C : 그럼 이건 뭐야?

TIP

◀ **Ne touche pas à ma guitare.**
Toucher 동사가 명령법 현재 시제인 **touche**로 변형되어 사용되었습니다. '~**해라**'라는 의미인데요, **touche**의 앞과 뒤에 부정을 나타내는 **ne**와 **pas**가 있으니까 '~**하지 마라**'라는 뜻이 됩니다.

◀ **mangas**
대부분의 프랑스 사람들은 동양에서 온 만화책을 보고 '**manga(일본 만화)**'라고 합니다. 요즘은 추세가 바뀌면서 **한국 만화는 'manhwa'**, 중국 만화는 '**manhua**'라고 불러주기도 합니다. 프랑스나 벨기에 작가들이 그린 만화들은 '**bande-dessinée(그려진 띠, [벙드 데씨네])**'라고 부릅니다.

Ne touche à rien!
느 뚜슈 아 히앙!
아무것도 만지지 마!

Ça c'est mon ordinateur portable.

싸 / 쎄 / 몽 (ㄴ)오ㅎ디나뙤ㅎ 뽀ㅎ따블.

그것 / 그것은 ~이다 / 나의 노트북.

C'est très fragile aussi, fais attention.

쎄 / 트헤 프f하질 / 오씨, 페f 아떵씨옹.

그것은 ~이다 / 매우 약한 / 또한, 조심해.

◀ **fais attention**

조금 더 구어적인 표현을 배워볼까요? 친구들끼리는 **fais attention**보다는 **fais gaffe** (페f 갸 프f) 라는 말을 더 자주 사용합니다.

Et ça c'est quoi?

에 / 싸 / 쎄 / 꾸아?

그리고 / 이것 / 그것은 ~이다 / 무엇?

C'est ma tablette. C'est un ordinateur.

쎄 / 마 따블레뜨. 쎄 (ㄸ)앙 / (ㄴ)오ㅎ디나뙤ㅎ.

그것은 ~이다 / 나의 태블릿. 그것은 ~이다 / 하나의 컴퓨터.

Arrête de me poser des questions et sors de ma chambre.

아헤뜨 / 드 므 뽀제 / 데 께스띠옹 / 에 / 쏘ㅎ / 드 마 셩브ㅎ.

그만해 / 나에게 내는 것을 / 질문들 /

그리고 / 나가라 / 나의 방에서.

◀ **sors de ma chambre.**

'내 방에서 나가'를 배웠으니 **'내 방에 들어와'** 도 배워볼까요? '들어가다' 동사는 프랑스어로 **entrer(엉트헤)**입니다. **entrer**를 명령법으로 동사 변형을 시키면 **entre**가 됩니다.

Entre dans la chambre. : 방에 들어가.

Pourquoi?

뿌흐꾸아?

왜?

M : 그건 내 노트북이야.

　　그것도 엄청 약하니까 조심해.

C : 그럼 이건 뭐야?

M : 그건 내 태블릿이야. 컴퓨터야.

　　질문 그만하고 내 방에서 나가.

C : 왜?

 Parce que tu m'embêtes.
빠흐쓰 끄 / 뛰 멍베뜨.
왜냐하면 / 너는 나를 귀찮게 한다.

 Pourquoi?
뿌흐꾸아?
왜?

 Bon, tu sors.
봉, 뛰 / 쏘흐.
됐고, 너 / 나가라.

M : 왜냐하면 네가 나를 못 살게 굴거든.
C : 왜?
M : 됐어, 나가.

◁ **Bon**
bon은 '좋은, 행복한, 착한'과 같은 의미로 주로 사용됩니다. 하지만 여기에서 나온 bon은 감탄사로써, '됐어'와 비슷한 의미로 사용되었습니다.

Je vais le déranger.
쥬 베v 울르 데헝제
나는 그를 방해하겠어.

5 내 형이 작가야.

Ce n'est pas facile d'écrire un livre.
쓰 네 빠 / 파f씰 / 데크히흐 / 앙 울리브v흐.
그것은 ~아니다 / 쉬운 / 서술하다 / 한 권의 책.

Je n'avance plus,
쥬 나벙v쓰 쁠뤼,
나는 더 이상 앞으로 가지 않는다,

je n'ai plus d'idées.
쥬 네 쁠뤼 / 디데.
나는 더 이상 가지고 있지 않다 / 아이디어의.

Bien sûr. Ce n'est pas facile.
비앙 쒸흐. 쓰 네 빠 / 파f씰.
당연하지. 그것은 ~아니다 / 쉬운.

Je connais ça.
쥬 꼬네 / 싸.
나는 안다 / 그것.

M : 책을 쓴다는 게 쉽지 않네.
진도가 나가지를 않아, 아이디어가 없어.
D : 당연히 쉽지 않지.
나도 그게 뭔지 알아.

Je n'avance plus.
Ne ... plus는 '더 이상 ~하지 않다'라는 의미의 표현입니다. 위에 나온 문장은 '나는 더 이상 앞으로 가지 않는다, 나는 더 이상 진도가 나가지 않는다'라는 의미입니다.

Bien sûr
고대 프랑스어에서 **bien sûr**는 '정말 확실하다'라는 뜻이었습니다. '정말 확실하다' 보니까 '당연하다'는 뜻이 되었지요.

C'est un plagiat!
쎄 (ㄸ)앙 쁠라지아
이건 표절이야!

Comment est-ce que tu connais ça?
꼬멍 / 에스끄 / 뛰 꼬네 / 싸?
어떻게 / 의문 / 너는 안다 / 이것?

Mon frère est écrivain lui aussi.
몽 프f헤흐 / 에 / (ㄸ)에크히방v / 을뤼이 오씨.
나의 남자형제 / ～이다 / 작가 / 그 또한.

C'est vrai?
쎄 / 브v헤?
그것은 ～이다 / 사실의?

Oui. Il me dit toujours
위. 일 / 므 디 / 뚜주흐 /
응. 그는 / 나에게 말하다 / 항상

"ces pages vides me font peur".
"쎄 빠주 / 비v드 / 므 퐁f / 쁴흐".
"이 페이지들 / 비어있는 / 나를 만든다 / 무섭게".

Il pense à son travail du matin au soir.
일 뻥쓰 / 아 쏭 트하바v이유 / 뒤 마땅 / 오 수아흐.
그는 ～생각한다 / 자신의 일 / 아침부터 / 밤까지.

Moi aussi, je suis comme ça.
무아 오씨, 쥬 쒸이 / 꼼므 / 싸.
나 또한, 나는 ～이다 / ～처럼 / 그것.

M : 그걸 네가 어떻게 알아?
D : 내 형이 작가야.
M : 정말이야?
D : 응. 그는 항상 말하지
　　"저 백지들이 나를 너무 무섭게 해".
　　그는 아침부터 저녁까지 일 생각만 해.
M : 나도 그래.

Tu connais ça?
프랑스어에 '알다'는 단어는 두 가지가 있습니다. **connaître**[꼬네트흐]와 **savoir**[싸부v아흐] 지요. 이 두 가지를 보통 이렇게 구분합니다. **connaître**는 경험을 통해서 아는 것, **savoir**는 지식으로 아는 것. 물론 언제나 명확하게 이 방식대로 구분할 수는 없지만 이 정도로만 알고 계셔도 됩니다.

Je sais que 1+1 font 2.
[쥬 쎄 끄 앙 쁠뤼쓰 앙 퐁f 되]
: 1+1이 2라는 것을 나는 안다.
Je connais ce garçon.
[쥬 꼬네 쓰 갸흐쏭]
: 나는 이 남자아이를 안다.

du matin au soir
'아침부터 저녁까지'라는 말이지요? '아침'과 '저녁' 대신에 시간을 넣어서 사용할 수도 있습니다.

Je travaille de 9h à 18h.
[쥬 트하바v이유 드 위 (ㄸ)외흐 아 디즈 위 (ㄸ)외흐]
: 나는 오전 9시부터 오후 6시까지 일한다.

Parfois, il n'écrit pas pendant des jours.

빠ㅎ푸f아, 일 네크히 빠 / 뻥덩 / 데 주ㅎ.
가끔은, 그는 쓰지 않는다 / ～동안 / 며칠.

Et parfois, il écrit des pages très vite.

에 빠ㅎ푸f아, 일 에크히 / 데 빠주 / 트헤 비v뜨.
그리고 가끔은, 그는 쓰다 / 페이지들 / 매우 빨리.

Mon livre n'est pas aussi sérieux.

몽 을리브v흐 네 빠 / (ㅈ)오씨 / 쎄히외.
내 책은 ～이지 않다 / 그만큼 / 진지한.

sérieux

영어의 **serious**와 똑같은 단어입니다. '진지한, 무게 있는'이라는 뜻도 가지고 있지만 '**성실한, 신중한**'이라는 뜻을 가지고 있기도 합니다. 학교 성적표에서 **élève sérieux** [엘레브v 쎄히외]라는 문구를 자주 볼 수 있는데요, '진지한 학생'보다는 '성실한 학생'이라는 뜻이겠죠? '진지한, 무게 있는'의 **반의어**는 **léger** (가볍다, 을레제)입니다.

Un livre drôle et léger
[앙 을리브v흐 드홀 에 을레제]
: 웃기고 가벼운 책

Tu écris quoi?

뛰 에크히 / 꾸아?
너는 쓰다 / 무엇?

C'est seulement un livre de français pour débutants.

쎄 쐴르멍 / 앙 을리브v흐 / 드 프f헝쎄 / 뿌ㅎ 데뷔떵.
그것은 단지 ～이다 / 한 권의 책 / 프랑스어의 / 초보들을 위한.

C'est quand même un livre.

쎄 / 껑 멤므 / 앙 을리브v흐.
그것은 ～이다 / 그렇지만 / 한 권의 책.

quand même

'그렇지만, 그래도' 등의 뜻을 가지고 있습니다.

D : 가끔은 며칠 동안 아무것도 쓰지 않아.
　　그리고 가끔은 엄청 빨리 쓰기도 해.
M : 내 책은 그렇게 진지하지 않아.
D : 뭘 쓰고 있는데?
M : 그냥 초보들을 위한 프랑스어 책일 뿐이야.
D : 그래도 책이잖아.

 MARGUERITE

Oui, tu as raison.
위, 뛰 아 / 헤종.
응, 너는 가지고 있다 / 이성.

Les écrivains sont vraiment intelligents.
을레 (ㅈ)에크히방v 쏭 / 브v헤멍 / 앙뗄리정.
작가들은 ~이다 / 정말 / 머리 좋은.

Je les respecte.
쥬 / 을레 헤스뻭뜨.
나는 / 그들을 존경하다.

M : 그래, 네 말이 맞다.
작가들은 정말 머리가 좋아.
나는 그들을 존경해.

◀ **Je les respecte**
respecter는 '**존경하다**'는 의미도 있지만 '**존중하다**'는 의미도 함께 가지고 있습니다.

06

동사를 도와주는
조동사

Je sais parler français.
나는 프랑스어를 할 줄 압니다.

한눈에 배운다!
네 가지 조동사

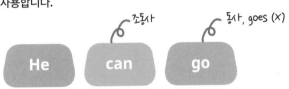

pouvoir, devoir
vouloir, savoir

동영상 강의

영어에서의 **can, will, must** 등을 뭐라고 부르지요? '조동사'라고 합니다.
조동사는 동사의 바로 앞에 놓여 동사를 돕습니다. 그리고 뒤의 동사는 항상 원형
의 형태로 사용합니다.

조동사   동사, goes (x)

He   can   go

프랑스어의 조동사 사용법도 영어의 그것과 똑같습니다. 다행이죠?
조동사에 대해서는 다음 두 가지 원칙만 기억하시면 됩니다.

1 동사의 앞에 사용.
2 변화는 조동사가 대신하고, 동사는 원형을 사용.

이제 중요한 조동사 4개를 배워보겠습니다.

1 Pouvoir = can [할 수 있다]

'할 수 있다'라는 뜻으로, 영어의 can, could에 해당해요.

▶ 나는 프랑스어로 말할 수 있어.

Je   parle   en français   + 할 수 있다 (pouvoir)

Je   peux   parler   en français

2 Devoir = must, have to [해야 한다]

'해야 한다'라는 뜻으로, 영어의 must, have to에 해당해요.

▶ 나는 집으로 가야 해.

Je   vais   à la maison   + 해야 한다 (devoir)

Je   dois   aller   à la maison

3 Vouloir = want [원하다]

'원하다'라는 뜻으로, 영어의 want에 해당해요.

▶ 나는 프랑스어로 말하고 싶어.

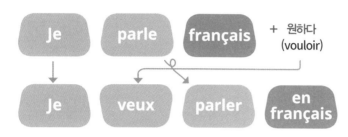

TIP

Vouloir [블V루아흐] 원하다

Je	veux	쥬 뵈V
Tu	veux	뛰 뵈V
Il / Elle	veut	일 뵈V
Nous	voulons	누 불V롱
Vous	voulez	부V 불V레
Ils / Elles	veulent	일 뷜V르

4 Savoir = know how to [할 줄 안다]

'할 줄 안다'라는 뜻으로, 영어의 know how to에 해당해요.

▶ 나는 프랑스어로 말할 줄 알아.

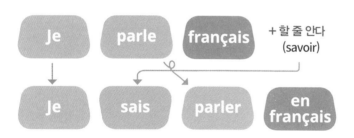

Savoir [쎄브V와] 할 줄 안다

Je	sais	쥬 쎄
Tu	sais	뛰 쎄
Il / Elle	sait	일 쎄
Nous	savons	누 싸봉V
Vous	savez	부V 싸베V
Ils / Elles	savent	엘 싸브V

Can, Must 등 영어의 모든 조동사들은 오직 조동사로만 사용됩니다. 다시 말해 조동사와 일반 동사가 확실하게 구분되어 있습니다. 하지만 '가다'는 의미의 프랑스어의 **Aller** [알레] 가다 는 조동사로서의 역할도 합니다. 때로는 조동사로, 때로는 일반 동사로 사용되는 박쥐같은 친구들인 것이죠.

Aller 일반 동사 : 가다
Aller 조동사   : ~할 것이다(미래)

일반 동사	조동사	둘 다 사용
Je **vais** à Paris.	Je **vais** courir.	Je **vais** aller.
[쥬 베V 아 빠히]	[쥬 베V 꾸히흐]	[쥬 베V 알레]
나는 파리에 간다.	나는 달릴 것이다.	나는 갈 것이다.

해석을 보고 비어 있는 풍선의 각 칸을 채워 보세요. 주어에 따라 조동사의 형태가 달라진다는 점,
조동사가 있을 때 동사는 원형으로 사용한다는 점에 유의하세요.

1 그는 프랑스어로 말할 수 있어.

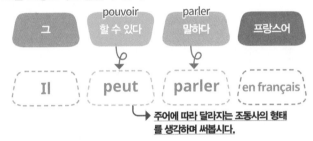

주어에 따라 달라지는 조동사의 형태
를 생각하며 써봅시다.

2 그는 집으로 가야 해.

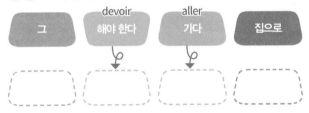

3 그는 프랑스어로 말하고 싶어 해.

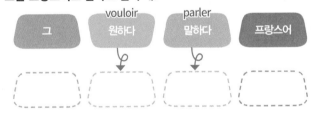

4 그는 프랑스어로 말할 줄 알아.

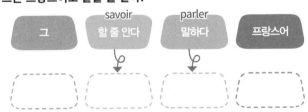

따라 말하기

5 나는 초콜릿을 먹고 싶어.

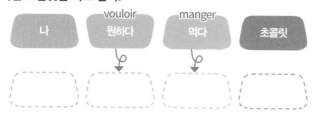

6 나는 크로아상을 만들 수 있어.

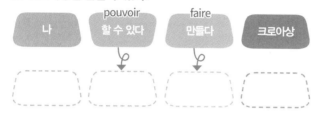

7 너는 숙제를 해야 해.

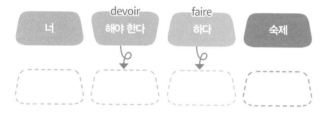

8 너는 한국어로 말할 줄 알아.

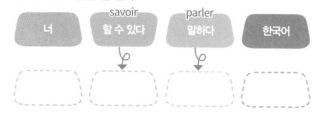

9 너는 바닷가에 가고 싶어 해.

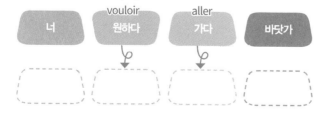

· 정답입니다! ·

1 Il peut parler en français.
2 Il doit aller à la maison.
3 Il veut parler en français.
4 Il sait parler en français.
5 Je veux manger du chocolat.
6 Je peux faire des croissants.
7 Tu dois faire les devoirs.
8 Tu sais parler en coréen.
9 Tu veux aller à la plage.

10 그는 살사 춤을 출 줄 알아.

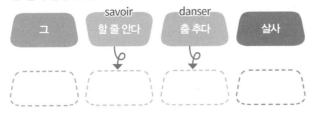

그	savoir 할 줄 안다	danser 춤 추다	살사

11 그녀는 트럼펫을 연주 할 줄 알아.

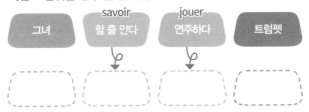

그녀	savoir 할 줄 안다	jouer 연주하다	트럼펫

12 우리는 오페라를 부를 수 있어.

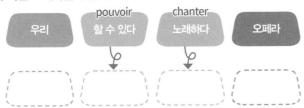

우리	pouvoir 할 수 있다	chanter 노래하다	오페라

13 그녀들은 태권도를 할 수 있어.

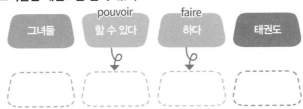

그녀들	pouvoir 할 수 있다	faire 하다	태권도

정답입니다!
10 Il sait danser la salsa.
11 Elle sait jouer de la trompette.
12 Nous pouvons chanter de l'opéra.
13 Elles peuvent faire du Taekwondo.

Practice
네 가지 조동사

 다음 문장을 프랑스어로 적어 보세요.

1   나는 프랑스어로 말할 수 있어.   Je peux parler en français.

2   너는 집으로 가야 해.

3   그녀는 프랑스어로 말하고 싶어해.

4   우리는 프랑스어로 말할 줄 알아.

5   당신은 프랑스어로 말할 수 있어요.

6   그들은 집으로 가야 해.

7   우리는 프랑스어로 말하고 싶어요.

8   나는 프랑스어로 말할 줄 알아.

9   나는 숙제를 해야 해.

10   우리는 할 수 있어.

11   그들은 프랑스에 가고 싶어해.

· 정답입니다! ·   ① Je peux parler en français. ② Tu dois aller à la maison. ③ Elle veut parler en français.
④ On sait parler en français. ⑤ Vous pouvez parler en français. ⑥ Ils doivent aller à la maison.
⑦ Nous voulons parler en français. ⑧ Je sais parler en français. ⑨ Je dois faire mes devoirs.
⑩ Nous pouvons le faire. ⑪ Ils veulent aller en France.

06 동사를 도와주는 조동사

1 왜 때려?

MATHIEU

Lucas.
올뤼꺄.
루카스 남성이름.

LUCAS

Quoi?
꾸아?
왜?

MATHIEU

Je veux bien me battre.
쥬 뵈V / 비앙 / 므 바트흐.
나는 원하다 / 잘 / 내가 싸우기.

LUCAS

Ah bon? Pour quoi faire?
아 봉? 뿌흐 꾸아 / 페f흐?
아 그래? 무엇을 위해서 / 하다?

MATHIEU

Parce que je dois me battre contre quelqu'un.
빠흐쓰 끄 / 쥬 두아 / 므 바트흐 / 꽁트흐 / 껠깡.
왜냐하면 / 나는 해야 한다 / 내가 싸우는 것 / 상대로 / 누군가를.

LUCAS

Alors, tu dois bien regarder le poing de ton adversaire.
알로흐, 뛰 두아 / 비앙 흐갸흐데 / 을르 뿌앙 / 드 똥 (ㄴ)아드베V흐쎄흐.
그러면, 너는 해야 한다 / 잘 보기를 / 그 주먹 / 너의 상대.

M : 형.
L : 왜?
M : 나 싸움을 잘하고 싶어.
L : 그래? 뭐 하게?
M : 누구랑 싸워야 해.
L : 그러면, 상대의 주먹을 잘 쳐다봐야 해.

Lucas
형제 사이에서는 형 / 동생의 관계라고 해도, 반말을 할 뿐만 아니라 서로를 다른 호칭 대신 이름으로 부릅니다.

Je te mets K.O. en 3 secondes.
쥬 뜨 메 꺄 오 엉 트후아 쓰공드
나는 너를 3초 안에 K.O. 시킬 수 있어.

Ah bon? Je dois bien regarder son poing?

아 봉? 쥬 두아 / 비앙 흐갸흐데 / 쏭 뿌잉?

그래? 나는 해야 한다 / 잘 보기를 / 그의 주먹?

Oui. Tu peux le faire?

위. 뛰 쁘 / 을르 페f흐?

응. 너는 할 수 있다 / 그것을 하는 것?

Oui. Je vais essayer.

위. 쥬 베V / 에쎄이에.

응. 나는 할 수 있다 / 시도하다.

Alors regarde bien mon poing.

알로흐 / 흐갸흐드 / 비앙 / 몽 뿌앙.

그러면 / 보다 / 잘 / 나의 주먹.

Pim!

삠!

퍽!

M : 그래? 상대의 주먹을 잘 봐야 해?

L : 응. 너 그럴 수 있겠어?

M : 응. 해볼게.

L : 그럼 내 주먹을 잘 보고 있어.

　　퍽!

◀ **Je vais essayer.**

'가다' 동사 Aller도 조동사로 사용 될 수 있는데 요. Aller가 조동사로 사용될 경우 가까운 미래를 표현하게 됩니다. 사용법은 이렇습니다.

Aller 현재형 + 동사 원형

Je vais manger dans 5 minutes.

[쥬 베V 멍제 덩 쌍그 미뉘뜨]

: 나는 5분 뒤에 식사할 거야.

Aïe! Pourquoi tu me frappes?

아이유! 뿌흐꾸아 / 뛰 / 므 프f하프?

아야! 왜 / 너는 / 나를 때리다?

Ah oui, pardon.

아 위, 빠흐동.

아 맞다, 미안.

Il y a autre chose.

일 이 아 / 오트흐 / 쇼즈.

~이 있다 / 다른 / 무언가.

Tu dois éviter le coup de poing à la fin.

뛰 두아 / 에비V떼 / 을르 꾸 / 드 뿌앙 / 아 울라 팡f.

너는 해야 한다 / 피하는 / 때리기 / 주먹의 / 끝에.

M : 아야! 왜 때려?
L : 아 맞다, 미안.
　　한 가지 더 있어.
　　마지막에 주먹을 피해야 해.

à la fin
'끝에'를 배웠다면 '처음에'도 배워야겠죠? **'처음에'는 au début** (오 데뷔)입니다.
'데뷔하다'라는 말 아시죠? 영어의 **to debut**를 사용하고 있는 건데요, 영어의 **to debut**도 프랑스어의 **début**에서 온 말입니다.

2 여름에 영국에 가는데, 영어를 못하거든.

Cécilia, tu peux m'aider?

쎄씰리아, 뛰 뾔 / 메데?

세실리아(여성이름), 너는 할 수 있다 / 나를 돕는것?

Oui, qu'est-ce qu'il y a?

위, 께스 낄 이 아?

응, 무슨(의문) ~이 있다?

L : 세실리아, 나 좀 도와줄 수 있어?
C : 응, 무슨 일이야?

Je ne sais pas parler anglais.
쥬 느 쎄 빠 빠흘레 엉글레
나는 영어를 할 줄 모릅니다.

 Je vais en Angleterre cet été et
쥬 베V / 엉 (ㄴ)엉글르떼흐 / 쎄 (ㄸ)에떼 / 에 /
나는 가다 / 영국에 / 이번 여름에 / 그리고 /

je ne sais pas parler anglais.
쥬 / 느 쎄 빠 / 빠흘레 / 엉글레.
나는 / [부정] ~할 줄 안다 [부정] / 말한다 / 영어를.

Tu peux me donner des cours d'anglais?
뛰 뾔 / 므 도네 / 데 꾸흐 / 덩글레?
너는 할 수 있다 / 나에게 해 주는 것 / 수업 / 영어를?

 Bien sûr, je peux te donner des cours.
비앙 쒸흐, 쥬 뾔 / 뜨 도네 / 데 꾸흐.
당연하지, 나는 할 수 있다 / 너에게 해주는 것 / 수업.

**Mais tu ne parles pas
un mot d'anglais?**
메 / 뛰 / 느 빠흘르 빠 / 앙 모 / 덩글레?
그런데 / 너는 / [부정] 말하다 [부정] / 한 단어도 / 영어의?

 **Si, je sais parler un peu anglais
mais je m'inquiète quand même.**
씨, 쥬 쎄 빠흘레 / 앙 뾔 / 엉글레 /
메 / 쥬 망끼에뜨 / 껑 멤므.
아니, 나 말할 줄 안다 / 하나의 조금의 / 영어 /
하지만 / 나는 걱정하다 / 그래도.

 **Tu restes en Angleterre combien
de temps?**
뛰 헤스뜨 / 엉 (ㄴ)엉글르떼흐 / 꽁비앙 / 드 떵?
너는 ~머물다 / 영국에 / 얼마나 / 시간?

L : 이번 여름에 영국에 가는데,
　　내가 영어를 못 하거든.
　　나한테 영어 과외를 해줄 수 있어?
C : 그럼, 해줄 수 있지.
　　그런데 영어를 하나도 못 하는 거야?
L : 아니, 조금은 할 줄 아는데, 그래도 걱정이 돼서.
C : 영국에 얼마나 머무를 거야?

◀ **Tu ne parles pas un mot d'anglais?**
직역하자면 '영어 한 단어도 말할 줄 몰라?'라는
뜻입니다. 한 단어도 모를 정도로 전혀 못 하느냐
는 뜻이겠지요.

◀ **Si, je sais parler un peu anglais.**
상대방이 부정문으로 질문을 했을 때, 그것에 다
시 부정하는 대답 즉 긍정의 의미를 담은 대답을
할 때는 'si'를 사용합니다. 반면 긍정문 질문에 대
해 긍정하는 대답을 할 때는 'oui'를 사용하고요.

Tu ne sais pas parler anglais?
: 너 영어 할 줄 몰라?
Si, je sais parler anglais.
: 아니, 영어 할 줄 알아.
Tu sais parler anglais?
: 너 영어 할 줄 알아?
Oui, je sais parler anglais.
: 응, 영어 할 줄 알아.

Je reste 2 semaines.
쥬 헤스뜨 / 되 쓰멘느.
나는 머물다 / 2주.

Alors je te conseille d'acheter un livre d'anglais pour les voyages.
알로흐 / 쥬 뜨 꽁쎄이유 / 다슈떼 /
앙 을리브v흐 / 덩글레 / 뿌흐 을레 부v아이아주.
그러면 / 나는 너에게 추천한다 / 사는 것 /
하나의 책을 / 영어 / 여행들을 위한.

C'est plus efficace.
쎄 / 쁠뤼 / (ㅈ)에피f꺄쓰.
그것은 ~이다 / 더욱 / 효율적인.

Merci beaucoup.
메흐씨 / 보꾸.
고마워 / 많이.

Tu peux me conseiller un livre?
뛰 쁘 / 므 꽁쎄이에 / 앙 을리브v흐?
너는 할 수 있다 / 나에게 추천하는 것을 / 책을?

Les livres de l'édition 'Old Stairs' sont bien faits.
을레 을리브v흐 / 드 을레디씨옹 '올드 쓰떼흐즈' / 쏭 / 비앙 페f.
책들이 / 출판사 '올드 스테어즈'의 / ~이다 / 잘 만들어진.

Merci.
메흐씨.
고마워.

L : 2주 머무를 거야.
C : 그러면 여행을 위한 영어 책을 사는 걸 추천할게.
　　그게 더 효율적이야.
L : 고마워.
　　책을 추천해줄 수 있어?
C : '올드 스테어즈' 출판사 책들이 잘 되어 있어.
L : 고마워.

◀ **Je te conseille d'acheter un livre d'anglais pour les voyages.**
'추천하다'를 배웠다면 '추천하지 않다, 말리다'라는 말도 배워야겠죠? '추천하지 않다'는 conseiller 동사에 부정 형태를 붙여서 말해도 되겠지만 **déconseiller** (데꽁쎄이에) 동사를 사용할 수도 있습니다.

Je te déconseille d'acheter ça.
[쥬 뜨 데꽁쎄이유 다슈떼 싸]
: 네가 그것을 사는 것을 말릴게.

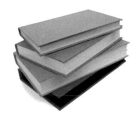

3 우리 지금 산 한가운데 있잖아.

 Tu sais faire des spaghettis?
뛰 쎄 / 페f흐 / 데 스빠게띠?
너는 ~할 줄 안다 / 만들다 / 스파게티?

 Je sais faire des spaghettis à la sauce tomate.
쥬 쎄 / 페f흐 / 데 스빠게띠 / 아 을라 쏘쓰 또마뜨.
나는 ~할 줄 안다 / 만들다 / 스파게티 / 토마토 소스의.

 Et les spaghettis à la crème?
에 을레 스빠게띠 / 아 을라 크헴?
그럼 스파게티 / 크림의?

 Non, je ne sais pas faire de spaghettis à la crème.
농, 쥬 느 쎄 빠 / 페f흐 / 드 스빠게띠 / 아 을라 크헴.
아니, 나는 [부정] ~할 줄 안다 [부정] / 만들다 /
그 스파게티 / 크림의.

Je peux faire des spaghettis à l'ail
쥬 쀠 / 페f흐 / 데 스빠게띠 / 아 을라이유 /
나는 ~할 줄 안다 / 만들다 / 스파게티 / 마늘의 /

et huile d'olive.
에 / 위일 돌리브v.
그리고 / 올리브 오일.

L : 너 스파게티 만들 줄 알아?
C : 토마토 스파게티 만들 줄 알아.
L : 크림 스파게티는?
C : 크림 스파게티는 할 줄 몰라.
　　마늘이랑 올리브 오일 들어간 스파게티는 할 수 있어.

 TIP

◀ **des spaghettis**
'스파게티'는 이탈리아의 긴 면을 뜻합니다. 그런데 우리가 파스타를 먹을 때는 면이 한 가닥이 아닌 여러 가닥이 나오죠? 그래서 프랑스어의 '스파게티'라는 단어 spaghettis는 항상 복수 형태로 사용됩니다.

J'aime les pâtes!
쥄므 을레 빠뜨
나는 파스타를 좋아해!

Est-ce que tu peux aller acheter des spaghettis à la crème?

에스끄 / 뛰 쁴 / 알레 / 아슈떼 / 데 스빠게띠 / 아 울라 크헴?
[의문] / 너는 할 수 있다 / 간다 / 사다 / 스파게티 / 크림의?

Non, nous sommes au milieu de la montagne.

농, 누 쏨므 / 오 밀리외 / 드 울라 몽따뉴.
아니, 우리는 ~있다 / 한가운데에 / 산의.

Et alors?

에 알로흐?
그래서 뭐?

Alors je dois descendre 2 000 mètres pour acheter ça.

알로흐 / 쥬 두아 데썽드흐 / 되 밀 메트흐 /
뿌흐 아슈떼 / 싸.
그러니까 / 나는 내려가야 한다 / 2,000 미터 /
사기 위해 / 그것.

Je ne peux pas faire ça.

쥬 느 쁴 빠 / 페f흐 / 싸.
나는 할 수 없어 / 하는 것 / 그것.

L : 크림 스파게티 사올 수 있어?
C : 아니, 우리 지금 산 한가운데 있잖아.
L : 그래서 뭐?
C : 그래서 그거 사려면 2,000 미터를 내려가야 해.
　　그렇게 할 수는 없어.

2 000 mètres

프랑스에서는 숫자를 쓰면서 **천 단위나 백만 단위, 십억 단위 등 콤마가 들어가야 할 때,** 콤마를 사용하는 대신 **한 칸 띄우고 씁니다.**

1 000 / 1 000 000
콤마(,)는 소수점으로 사용됩니다.
8,5 / 100,22

4 악기 다룰 줄 알아?

CHARLES

J'adore le jazz. La liberté est très belle.
자도흐 / 을르 자즈. 을라 을리베흐떼 / 에 트헤 / 벨.
나는 엄청 좋아하다 / 재즈. 자유는 / 매우 ~이다 / 아름다운.

GEORGES

Tu sais jouer un instrument?
뛰 쎄 주에 / 앙 (ㄴ)앙쓰트휘멍?
너는 연주할 줄 안다 / 하나의 악기?

instrument
instument은 원래 '도구, 기구, 기계'라는 뜻입니다. '악기'는 instrument de musique인데요, 대부분 짧게 instrument이라고 하는 것입니다.

instrument de mesure
[앙스트휘멍 드 므쥐흐]
: 측량 기기

CHARLES

Je sais jouer de la trompette.
쥬 쎄 주에 / 드 을라 트홍뻬뜨.
나는 연주할 줄 안다 / 조금의 트럼펫.

GEORGES

Tu fais du jazz?
뛰 페f / 뒤 자즈?
너는 하다 / 재즈의?

CHARLES

Non, je ne peux pas encore faire de jazz.
농, 쥬 / 느 뾔 빠 / 엉꼬흐 / 페f흐 / 드 자즈.
아니, 나는 / 부정 ~할 수 있다 부정 / 아직 / 하는 것 / 재즈를.

Je dois apprendre encore longtemps.
쥬 두아 / 아프헝드흐 / 엉꼬흐 을롱떵.
나는 ~해야 한다 / 배우다 / 더 오래.

apprendre
'배우다'의 의미를 가지고 있지만 '가르치다'로 사용할 수도 있습니다.

Je t'apprends le français
: 나는 너에게 프랑스어를 가르친다. 하지만 이렇게 말하는 것보다는 '가르치다'의 뜻만 가지고 있는 enseigner (엉쎄녜)와 같은 동사를 사용하는 편이 낫겠죠?

Tu sais jouer un instrument?
뛰 쎄 주에 / 앙 (ㄴ)앙쓰트휘멍?
너는 ~연주할 줄 안다 / 악기?

C : 나는 재즈를 엄청 좋아해. 자유로움이 매우 아름다워.
G : 악기 다룰 줄 알아?
C : 트럼펫 불 줄 알아.
G : 재즈 연주해?
C : 아니, 아직 재즈 연주를 하지는 못 해.
　　아직 더 오래 배워야 해.
　　너는 악기 다룰 줄 알아?

J'aime le rap.
쥼므 을르 합.
나는 랩을 좋아해.

GEORGES Non, je ne sais pas jouer d'instrument.

농, 쥬 느 쎄 빠 / 주에 / 당쓰트휘멍.

아니, 부정 ~할줄 안다 부정 / 연주하다 / 악기.

Mais je sais faire du human beatbox.

메 / 쥬 쎄 / 페f흐 / 뒤 위만 비뜨복쓰.

하지만 / 나는 할 줄 안다 / 하는 것을 / 휴먼 비트박스.

CHARLES C'est vrai? J'aime le beatbox aussi.

쎄 / 브v헤? / 젬므 / 을르 비뜨복쓰 / 오씨.

그것은 ~이다 / 사실의? / 나는 좋아하다 / 비트박스 / 역시.

Il y a beaucoup de liberté.

일 이 아 / 보꾸 / 드 을리베흐떼.

~이 있다 / 많이 / 자유의.

GEORGES Oui, tu dois beaucoup t'entraîner.

위, 뛰 두아 / 보꾸 / 떵트헤네.

응, 너는 해야 한다 / 많이 / 연습을.

CHARLES Tu peux me faire du beatbox?

뛰 / 뾔 / 므 / 페f흐 / 뒤 비뜨복쓰?

너는 / 할 수 있다 / 나에게 / 하는 것 / 비트박스?

GEORGES Évidemment!

에비v다멍!

당연하지!

G : 아니, 나는 악기를 다룰 줄 몰라.
　　하지만 나는 비트박스를 할 줄 알아.
C : 정말이야? 나는 비트박스도 좋아해.
　　자유로움이 많잖아.
G : 응, 연습을 많이 해야 해.
C : 비트박스 좀 해줄 수 있어?
G : 당연하지!

liberté

이 다이얼로그의 '자유'와는 아무 관계 없는 이야기인데요. **프랑스의 표어는 Liberté** [을리베흐떼] **Égalité** [에갈리떼] **Fraternité** [프흐떼흐니떼] **(자유 평등 박애)입니다.** 많이 들어보셨죠?
프랑스 인권 선언 **Déclaration des droits de l'homme et du citoyen de 1789** [데끌라하씨옹 데 드후아 드 을롬므 에 뒤 씨뚜아이앙 드 밀 쎗 썽 꺄트흐 방v 뇌프f]에서 이 표어의 뿌리를 찾아볼 수 있습니다.

07

의문사
활용하기

Comment allez-vous?

어떻게 지내시나요?

동영상 강의

세상에 **질문하는 방법은 딱 두 가지**가 있습니다. 그 중 첫 번째는 이미
배운 내용으로, 스스로 완성된 문장을 만든 후 참인지 거짓인지 묻는 방식입니다.

> ┌─ 코끼리는 사과를 먹습니다. (평서문)
> └─ 코끼리는 사과를 먹습니까? (의문문)

누군가 이런 질문을 해온다면 우리는 '예' 혹은 '아니오'로 대답해야 합니다.
OX 퀴즈에 OX로 답하는 셈이죠. 그래서 이러한 방식의 의문문을 Yes, No 의문문
이라고 부릅니다.

반면 다른 한 가지 방법에서는 애초에 완성된 문장을 만들지 않습니다.
문장에서 어떤 한 단어를 대신해 의문사를 집어넣는 방식이죠.

> ┌─ 코끼리는 **나무 아래서** 사과를 먹습니다. (평서문)
> └─ 코끼리는 **어디에서** 사과를 먹습니까? (의문사 의문문)

> ┌─ 코끼리는 **코로** 사과를 먹습니다. (평서문)
> └─ 코끼리는 **어떻게** 사과를 먹습니까? (의문사 의문문)

> ┌─ 코끼리는 **아침마다** 사과를 먹습니다. (평서문)
> └─ 코끼리는 **언제** 사과를 먹습니까? (의문사 의문문)

> ┌─ 코끼리는 **배고파서** 사과를 먹습니다. (평서문)
> └─ 코끼리는 **왜** 사과를 먹습니까? (의문사 의문문)

> ┌─ 코끼리는 **사과를** 먹습니다. (평서문)
> └─ 코끼리는 **무엇을** 먹습니까? (의문사 의문문)

> ┌─ **코끼리는** 사과를 먹습니다. (평서문)
> └─ **누가** 사과를 먹습니까? (의문사 의문문)

TIP

Combien + 명사   단어 살펴보기 <<

Combien(얼마나) 뒤에 명사가 올 때는
'Combien de'로 바뀝니다.

 읽어 보세요

**명사를 묻는 의문사,
부사를 묻는 의문사**

'누구'와 '무엇'은 주로 특정 대상(명사)에
관해 묻는 의문사입니다. '무엇'은 간혹 행
동에 관해 묻기도 합니다.

어디서, 어떻게, 언제, 왜, 이는 부사와 관
련된 의문문입니다. 이 네 가지는 부사를
대표하는 의미이기도 합니다. 왜냐하면…
부사는 동사를 꾸밉니다.
동사는 사건을 말합니다.
사건을 설명하는 것은 위의 네 가지 (어디
서, 어떻게, 언제, 왜)이기 때문입니다.
어렵나요?

영어에서는 이러한 의문문을
wh-question이라고 부릅니다. 대부분
의 의문사가 wh로 시작하기 때문입니다.
반면 프랑스어의 의문사들은 모양에 그
다지 공통점이 없습니다.

열 번 읽어보세요!
의문사의 종류

따라 말하기

누구
Qui
[끼]
Who

무엇
Que/Quoi
[끄/꾸아]
What

어디
Où
[우]
Where

어떻게
Comment
[꼬멍]
How

얼마나
Combien
[꽁비앙]
How much/many

언제
Quand
[껑]
When

왜
Pourquoi
[뿌흐꾸아]
Why

 소리 내 읽어보고 쓰며 외워 보세요.

1. Qui
2. Que/Quoi
3. Où
4. Comment
5. Combien
6. Quand
7. Pourquoi

1. 누구
2. 무엇
3. 어디
4. 어떻게
5. 얼마나
6. 언제
7. 왜

세 가지
의문문

한눈에 배운다!
의문사 적용 의문문 첫 번째방법

의문사 의문문을 만드는 방법은 세 가지입니다.
그중 첫 번째 방법을 활용하여 의문사 의문문을 만들어 봅시다.

방법 1 앞서 배웠던 의문문의 형태, '주어 + 동사 + ～?'에서 뒤에 의문사만 붙여주면 됩니다. '주어 + 동사 + **의문사** + ?'의 형태로요.

▶ 당신은 어디에 가나요?

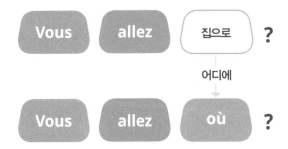

| Vous | allez | 집로 | ? |

어디에 ↓

| Vous | allez | où | ? |

이러한 형식으로 다른 의문사들도 연습해 봅시다.

1. 당신은 누구를 선택하나요?
   Vous choisissez qui **?**

2. 당신은 무엇을 좋아하나요?
   Vous aimez quoi **?**

3. 당신은 여기에 어떻게 오시나요?
   Vous venez comment **?**

4. 이건 얼마인가요?
   Cela coûte combien **?**

5. 당신은 언제 외출하나요?
   Vous sortez quand **?**

TIP

원하는 단어를 의문사로
'바꿔치기'하면 끝.

《 더 알아
봅시다 **Quoi = 무엇을**

'평서문+의문사+?' 문형에서 '무엇을'을
의미하는 Que는 Quoi로 바뀝니다.

필수동사

Coûter [꾸떼] 값이/～이다		
Je	coûte	쥬 꾸뜨
Tu	coûtes	뛰 꾸뜨
Il / Elle	coûte	일 꾸뜨
Nous	coûtons	누 꾸똥
Vous	coûtez	부ᵛ 꾸떼
Ils / Elles	coûtent	일 꾸뜨

Practice
의문사 의문문 1

따라 말하기

 해석을 보고, 빈 풍선에 알맞은 의문사와 단어들을 채워 보세요.

방법 1

1 당신은 어디에 가나요?

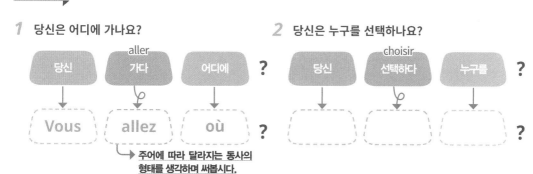

당신 / 가다 (aller) / 어디에 ?

Vous / allez / où ?

→ 주어에 따라 달라지는 동사의 형태를 생각하며 써봅시다.

2 당신은 누구를 선택하나요?

당신 / 선택하다 (choisir) / 누구를 ?

3 당신은 무엇을 먹나요?

당신 / 먹다 (manger) / 무엇을 ?

4 당신은 어떻게 오시나요?

당신 / 오다 (venir) / 어떻게 ?

5 당신은 키가 얼마인가요?

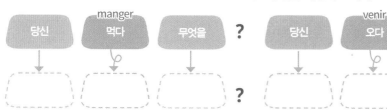

당신 / 키가 ~이다 (mesurer) / 얼마나 ?

키가 ~이다 : mesurer 므쥐헤
*21p 팁박스 참고

6 당신은 언제 외출하나요?

당신 / 외출하다 (sortir) / 언제 ?

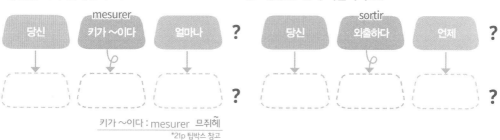

정답입니다! **1** Vous allez où? **2** Vous choisissez qui? **3** Vous mangez quoi? **4** Vous venez comment?
5 Vous mesurez combien? **6** Vous sortez quand?

Practice
의문사 의문문 1

따라 말하기

 다음 문장을 프랑스어로 적어 보세요.

1 당신은 어디에 가나요?   Vous allez où ?
----

2 당신은 누구를 찾으시나요?
----

3 당신은 무엇을 원하시나요?
----

4 당신은 그것을 어떻게 하시나요?
----

5 당신은 키가 얼마인가요?
----

6 당신은 누구를 선택하시나요?
----

7 당신은 무엇을 보시나요?
----

8 당신은 누구를 좋아하시나요?
----

9 당신은 무엇을 선택하시나요?
----

10 당신은 무엇을 마시나요?
----

11 당신은 누구신가요?
----

12 당신은 언제 오시나요?

정답입니다! 1 Vous allez où? 2 Vous cherchez qui? 3 Vous voulez quoi? 4 Vous faites comment?
5 Vous mesurez combien? 6 Vous choisissez qui? 7 Vous regardez quoi? 8 Vous aimez qui?
9 Vous choisissez quoi? 10 Vous buvez quoi? 11 Vous êtes qui? 12 Vous venez quand?

한눈에 배운다!
의문사 적용 의문문 두 번째 방법

세 가지
의문문

동영상 강의

앞서 배운, 의문문을 만드는 세 가지 방법 중 두 번째 방법을 활용하여 의문사를 사용한 의문문을 만들어 봅시다.

방법 2 앞서 배웠던 의문문의 형태, 'Est-ce que + 주어 + 동사 + ~?'에서 앞에 의문사만 붙여주면 됩니다.
'**의문사** + Est-ce que + 주어 + 동사 + ?'의 형태로요.

▶ 당신은 어디에 가시나요?

이러한 형식의 다른 의문사 의문문들도 만들어 볼까요?

1. 당신은 누구를 선택하나요?
   Qui est-ce que vous choisissez ?

2. 당신은 무엇을 좋아하나요?
   Qu'est-ce que vous aimez ?

3. 당신은 여기에 어떻게 오시나요?
   Comment est-ce que vous venez ?

4. 이건 얼마인가요?
   Combien est-ce que cela coûte ?

5. 당신은 언제 외출하나요?
   Quand est-ce que vous sortez ?

6. 당신은 그를 왜 좋아하나요?
   Pourquoi est-ce que vous l'aimez ?

필수동사

Chercher [쉐흐쉐] 찾으려 애쓰다, 찾다

Je	cherche	쥬 쉐흐슈
Tu	cherches	뛰 쉐흐슈
Il / Elle	cherche	일 쉐흐슈
Nous	cherchons	누 쉐흐송
Vous	cherchez	부ᵛ 쉐흐쉐
Ils / Elles	cherchent	일 쉐흐쉬

Mesurer [므쥐헤] 재다, 측정하다

Je	mesure	쥬 므쥐흐
Tu	mesures	뛰 므쥐흐
Il / Elle	mesure	일 므쥐흐
Nous	mesurons	누 므쥐홍
Vous	mesurez	부ᵛ 므쥐헤
Ils / Elles	mesurent	일 므쥐흐

Regarder [흐갸흐데] 보다, 바라보다

Je	regarde	쥬 흐갸흐드
Tu	regardes	뛰 흐갸흐드
Il / Elle	regarde	일 흐갸흐드
Nous	regardons	누 흐갸흐동
Vous	regardez	부ᵛ 흐갸흐데
Ils / Elles	regardent	일 흐갸흐드

Practice
의문사 의문문 2

따라 말하기

 해석을 보고, 빈 풍선에 알맞는 의문사와 단어들을 채워 보세요.

방법 2

1 당신은 어디에 가나요?

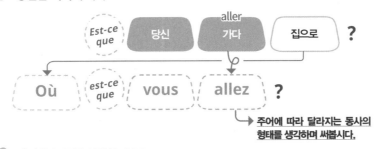

주어에 따라 달라지는 동사의 형태를 생각하며 써봅시다.

2 당신은 누구를 선택하나요?

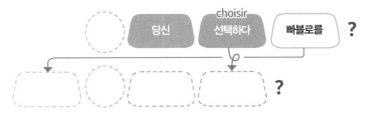

3 당신은 무엇을 먹나요?

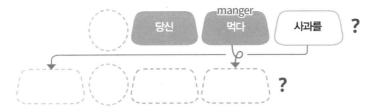

4 당신은 어떻게 오시나요?

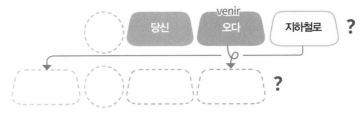

· 정답입니다!

1 Où est-ce que vous allez?
2 Qui est-ce que vous choisissez?
3 Qu'est-ce que vous mangez?
4 Comment est-ce que vous venez?
5 Combien est-ce que vous pesez?
6 Quand est-ce que vous sortez?
7 Pourquoi est-ce que vous l'aimez?
8 Qui est-ce qui veut une glace?
9 Qu'est-ce qui vous fait sourire?

Peser [쁘제] 달다, 계량하다 — 필수 동사

Je	pèse	쥬 뻬즈
Tu	pèses	뛰 뻬즈
Il / Elle	pèse	일 뻬즈
Nous	pèsont	누 쁘종
Vous	pèsez	부ᵛ 쁘제
Ils / Elles	pèsent	일 뻬즈

5 당신은 몸무게가 얼마인가요?

당신 | peser 몸무게가~이다 | 70 Kg ?

6 당신은 언제 외출하나요?

당신 | sortir 외출하다 | 5시에 ?

7 그를 왜 좋아하나요?

당신은 | aimer 그를 좋아하다 | 키가 커서 ?

8 누가 아이스크림을 원하나요?

누가 | vouloir 원하다 | 아이스크림 ?

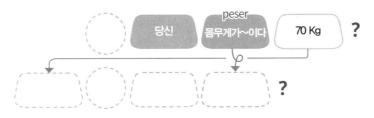

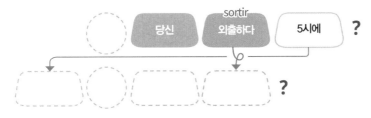

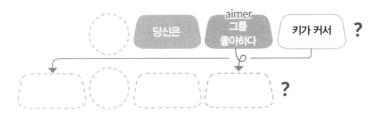

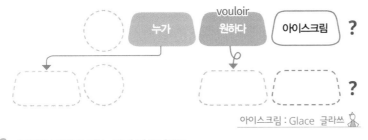

아이스크림 : Glace 글라쓰

9 무엇이 당신을 미소 짓게 만드나요?

무엇이 | faire 당신을 만들다 | 미소 짓게 ?

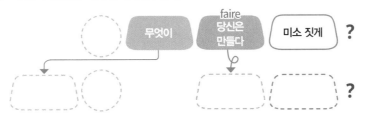

• 예외입니다! •

* 목적어(누구를, 무엇을)가 아닌 주어(누가, 무엇이)에 대한 의문문을 만들 때, 의문사 뒤의 **'Est-ce que'는 'Est-ce qui'**로 변합니다. 또한 주어 자리에는 의문사만 남아, **'의문사 + est-ce qui + 동사'**의 형태가 됩니다.

* 주격 의문사 **'que(무엇이)'** 뒤에 'Est-ce qui'가 붙을땐, **'Qu'est-ce qui'**로 줄여서 써줍니다.

따라 말하기

 다음 문장을 프랑스어로 적어 보세요.

1 당신은 어디에 가나요?　　Où est-ce que vous allez ?

-----

2 당신은 누구를 선택하나요?

-----

3 당신은 무엇을 먹나요?

-----

4 당신은 어떻게 오시나요?

-----

5 당신은 몸무게가 얼마인가요?

-----

6 당신은 언제 외출하나요?

-----

7 그를 왜 좋아하나요?

-----

8 누가 아이스크림을 원하나요?

-----

9 무엇이 당신을 미소 짓게 만드나요?

· 정답입니다! · 1 Où est-ce que vous allez? 2 Qui est-ce que vous choisissez? 3 Qu'est-ce que vous mangez ?
4 Comment est-ce que vous venez? 5 Combien est-ce que vous pesez?
6 Quand est-ce que vous sortez? 7 Pourquoi est-ce que vous l'aimez?
8 Qui est-ce qui veut une glace? 9 Qu'est-ce qui vous fait sourire?

한눈에 배운다!
의문사 적용 의문문 세 번째 방법

세 가지
의문문

동영상 강의

앞서 배운, 의문문을 만드는 세 가지 방법 중 세 번째 방법을 활용하여 의문사를 사용한 의문문을 만들어 봅시다.

TIP

방법 3 앞서 배웠던 의문문의 형태인 '동사 + 주어 + ~?'처럼, 동사와 주어의 자리를 바꿔 준 뒤 앞에 의문사를 붙여주면 됩니다. '**의문사** + 동사 + 주어 + ?'의 형태로요.

▶ 당신은 어디에 가시나요?

Allez- vous 집으로 ?

어디로

Où allez- vous ?

의문사는 앞쪽으로 쭉~ 이동.

이러한 형식의 다른 의문사 의문문들도 만들어 볼까요?

1. 당신은 누구를 선택하나요?
   ## Qui choisissez-vous ?

2. 당신은 무엇을 먹나요?
   ## Que mangez-vous ?

3. 당신은 어떻게 지내시나요?
   ## Comment allez-vous ?

4. 당신은 키가 얼마인가요?
   ## Combien mesurez-vous ?

5. 당신은 언제 외출하나요?
   ## Quand sortez-vous ?

6. 당신은 그를 왜 좋아하나요?
   ## Pourquoi l'aimez-vous ?

더 알아
봅시다 **의문문에 '‒'**

주어와 동사의 위치를 바꾸면서 의문문을 만들 때는 동사와 주어 사이에 '‒'을 넣어야 한다는 점, 잊지 않으셨죠?

• **Tu vas** au restaurant.
  너는 레스토랑에 간다.

• **Vas-tu** au restaurant?
  너는 레스토랑에 가니?

Practice
의문사 의문문 3

따라 말하기

 해석을 보고, 빈 풍선에 알맞는 의문사와 단어들을 채워 보세요.

방법 3

1 당신은 어디에 살아요?

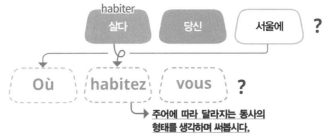

habiter
살다 | 당신 | 서울에 **?**

Où | habitez | vous **?**

→ 주어에 따라 달라지는 동사의
형태를 생각하며 써봅시다.

2 당신은 누구를 좋아하나요?

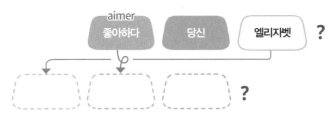

aimer
좋아하다 | 당신 | 엘리자벳 **?**

?

3 당신은 무엇을 마시나요?

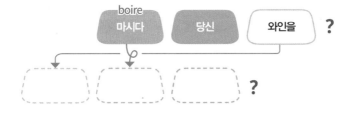

boire
마시다 | 당신 | 와인을 **?**

?

4 당신은 어떻게 지내시나요?

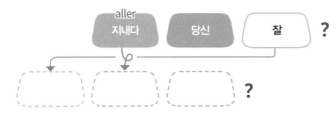

aller
지내다 | 당신 | 잘 **?**

?

5 당신은 키가 얼마인가요?

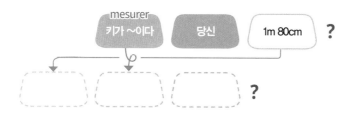

6 언제 닫으시나요?

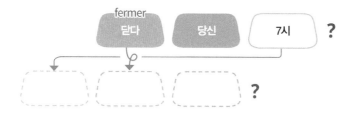

7 당신은 누구신가요?

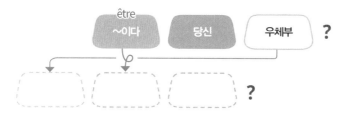

8 그를 왜 증오하나요?

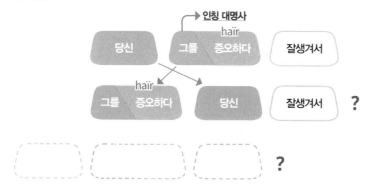

· 정답입니다! · 1 Où habitez-vous? 2 Qui aimez-vous? 3 Que buvez-vous? 4 Comment allez-vous?
5 Combien mesurez-vous? 6 Quand fermez-vous? 7 Qui êtes-vous?
8 Pourquoi le haïssez-vous?

따라 말하기

 다음 문장을 프랑스어로 적어 보세요.

1 당신은 어디에 살아요?   Où habitez – vous ?

2 당신은 누구를 좋아하나요?

3 당신은 무엇을 마시나요?

4 당신은 어떻게 지내시나요?

5 당신은 키가 얼마인가요?

6 언제 닫으시나요?

7 그를 왜 증오하나요?

8 그를 왜 좋아하나요?

9 당신은 이름이 무엇인가요?

10 나는 무엇을 해야 하나요?

11 당신은 누구신가요?

·정답입니다!· 1 Où habitez-vous? 2 Qui aimez-vous? 3 Que buvez-vous? 4 Comment allez-vous?
5 Combien mesurez-vous? 6 Quand fermez-vous? 7 Pourquoi le haïssez-vous?
8 Pourquoi l'aimez-vous? 9 Comment vous appelez-vous? 10 Que dois-je faire?
11 Qui êtes-vous?

memo
[mémorandum]

1 남자 친구 있어요?

MATHIEU

Vous avez un petit ami?
부v (ㅈ)아베v / 앙 쁘띠 (ㄸ)아미?
당신은 있습니다 / 남자 친구가?

CÉCILIA

Oui, j'ai un petit ami.
위, / 줴 / 앙 쁘띠 (ㄸ)아미.
네, / 저는 있습니다 / 남자 친구가.

MATHIEU

Où est-il?
우 / 에 / (ㄸ)일?
어디 / 있습니다 / 그?

CÉCILIA

Il est au travail.
일 에 / 오 트하바v이유.
그는 있습니다 / 직장에.

MATHIEU

À cette heure-ci?
아 쎘 (ㄸ)외흐 씨?
이 시간에?

CÉCILIA

Oui, il a beaucoup de travail.
위, 일 아 / 보꾸 / 드 트하바v이유.
네, 그는 있습니다 / 많은 / 일이.

Mais il va venir ici.
메 / 일 바v 브v니흐̃ / 이씨.
하지만 / 그는 올 것 입니다 / 여기.

M : 남자 친구 있으세요?
C : 네, 남자 친구 있어요.
M : 어디에 있어요?
C : 직장에 있어요.
M : 이 시간에요?
C : 네, 일이 많아서요.
     하지만 여기로 올 거예요.

◀ **travail**
알고 있으면 정말 유용한 단어입니다. '일'도 되고, '직장'도 되고, '숙제'도 되고, 정말 만능입니다.

Je t'aime à la folie.
쥬 뗌므 아 올라 폴리
미치도록 사랑해.

 Il vient quand?
일 비v앙 / 껑?
그는 옵니다 / 언제?

 Il vient dans 5 minutes.
일 비v앙 / 덩 / 쌍끄 미뉘뜨.
그는 옵니다 / ～안에 / 5분.

 Je vais vous laisser alors.
쥬 베v / 부v / 을레쎄 / 알로흐.
저는 갑니다 / 당신을 / 남기다 / 그렇다면.

M : 언제 오는데요?
C : 5분 안에 와요.
M : 저는 이만 가봐야겠네요.

◀ **Je vais vous laisser.**
직역하면 '나는 당신을 두겠습니다'이지만, '저는 이만 가보겠습니다'라는 의미로 사용하는 표현입니다. 영어의 'I've gotta go, I have to go'와 비슷합니다.

2 0점 맞겠네.

 Tu vas bien Florian?
뛰 / 바v / 비앙 / 플f로히엉?
너는 / 가다 / 잘 / 폴로리엉 [남성이름]?

 Ça va, et toi, Simon?
싸 바v, 에 / 뚜아, 씨몽?
잘 지냈어, 그리고 / 너, 사이먼 [남성이름]?

 Je vais bien. Tu as bien révisé?
쥬 / 베v / 비앙. 뛰 아 비앙 헤비v제?
나는 / 가다 / 잘. 너는 / 가지고 있다 / 잘 / 복습하다?

 Qu'est-ce que tu veux dire?
께스끄 / 뛰 뵈v / 디흐?
무엇을 [의문] / 너는 하고 싶다 / 말하다?

S : 플로리엉, 잘 지내?
F : 나는 잘 지내지, 사이먼 너는?
S : 나도 잘 지내. 복습 잘 했어?
F : 무슨 말이야?

◀ **Tu as bien révisé?**
réviser (복습하다, 재검토하다)동사의 복합과거(as révisé)가 사용되었습니다. 복합과거는 구어체에서 가장 많이 사용하는 과거 시제입니다.

On a un contrôle de mathématiques aujourd'hui.

SIMON

옹 (ㄴ)아 / 앙 꽁트홀 / 드 마떼마띠끄 / 오주흐뒤이.
우리는 가지고 있다 / 하나의 검사 / 수학 / 오늘.

 Quoi? C'est pas vrai?

FLORIAN

꾸아? 쎄 / 빠 / 브v헤?
뭐라고? 그것은 ~이다 [부정] / 사실의?

 Si, c'est vrai.

SIMON

씨, 쎄 / 브v헤.
맞는데, 그것은 ~이다 / 사실의?

 Depuis quand?

FLORIAN

드뷔이 / 껑?
~부터 / 언제?

 Depuis la semaine dernière.

SIMON

드뷔이 / 을라 쓰멘느 / 데흐니에흐.
~부터 / 주 / 마지막.

 Je vais avoir 0.

FLORIAN

쥬 베v 아부v아흐 / 제흐.
나는 받는다 / 0점.

S : 오늘 수학 시험 있잖아.
F : 뭐라고? 거짓말이지?
S : 아니, 진심인데?
F : 언제부터 시험이 있던 거야?
S : 저번 주부터 있었지.
F : 0점 맞겠네.

◀ **C'est pas vrai?**

프랑스어에서 부정 형태를 만들려면 동사의 앞과 뒤에 ne와 pas가 와야 합니다. 그런데 이 문장에는 ne가 없죠? 문법적으로는 틀리지만 구어에서는 ne가 자주 사라집니다. 아무래도 말을 할 때는 짧게, 빨리하는 편이 좋으니까 그런 거겠죠?

Je vais redoubler.
쥬 베v 흐두블레
나는 유급할 거야.

TIP

③ 그런 꼬락서니로 어디를 가는 거야?

 Où est-ce que tu vas comme ça?
SARAH
우 / 에스끄 / 뛰 바v / 꼼므 싸?
어디 / 의문 / 너는 가니 / 이렇게?

 Dehors.
AMÉLIE
드오ẽ.
밖에.

 Dehors où?
SARAH
드오ẽ 우?
밖에 어디?

 Je vais voir des amis.
AMÉLIE
쥬 베v 부v아ẽ / 데 (ㅈ)아미.
나는 볼 것이다 / 그 친구들.

 Des amis qui?
SARAH
데 (ㅈ)아미 / 끼?
그 친구들 / 누구?

 Des amis de la classe.
AMÉLIE
데 (ㅈ)아미 / 드 을라 끌라쓰.
그 친구들 / 우리 반의.

S : 그런 꼬락서니로 어디를 가는 거야?
A : 밖에.
S : 밖에 어디?
A : 친구들 보러 가.
S : 친구들 누구?
A : 우리 반 친구들.

◀ **Dehors où?**
문법적으로 옳은 긴 문장으로 이것을 묻는다면 Où est-ce que tu veux dire par "dehors"? (우 에스끄 뛰 뵈v 디흐 빠흐 드오ẽ?) "밖"이라고 하면 그게 정확히 어디인데?가 되겠습니다.

◀ **Des amis qui?**
문법적으로 옳은 긴 문장으로 이것을 묻는다면 Qui est-ce que tu veux dire par "des amis"? (끼 에스끄 뛰 뵈v 디흐 빠흐 데) (ㅈ)아미?, "친구" 라고 하면 그게 정확히 누구인데?가 되겠습니다.

Ce sont mes meilleurs amis.
쓰 쏭 메 메이에흐 (ㅈ)아미
그들은 나의 제일 친한 친구들이야.

Je veux des noms.
쥬 뵈v / 데 농.
나는 원하다 / 그 이름들.

Lucas, Nicolas et Kévin.
을뤼꺄, 니꼴라 / 에 께빈v.
루카스 남성이름, 니콜라스 남성이름 / 그리고 케빈 남성이름.

Ne traîne pas avec eux.
느 트헨 빠 / 아베v끄 외.
부정 어울리다 부정 / 그들과 함께.

Ce sont mes amis!
쓰 쏭 / 메 (ㅈ)아미!
그들은 ~이다 / 내 친구들!

Tu vas encore faire des bêtises avec eux!
뛰 바v 엉꼬흐 / 페f흐 / 데 베띠즈 / 아베v끄 외!
너는 다시 할 거야 / 하는 것을 / 바보 같은 짓들 / 그들과 함께!

On va se promener.
옹 / 바v 쓰 프호므네.
우리는 / 돌아다닐 거야.

Et faire des bêtises.
에 페f흐 / 데 베띠즈.
그리고 하겠지 / 바보 같은 짓들.

S : 이름 대.
A : 루카스랑 니콜라스랑 케빈.
S : 그 애들이랑 다니지 마.
A : 내 친구들이야!
S : 그 애들이랑 또 바보 같은 짓을 할 거잖아!
A : 돌아다닐 거야.
S : 그리고 바보 같은 짓도 하겠지.

◀ **bêtise**

Faire des bêtises는 '바보 같은 짓을 하다, 장난을 치다'이고 Dire des bêtises는 '바보 같은 말을 하다, 농담을 하다'입니다.

Arrête de dire des bêtises et travaille.
[아헤뜨 드 디흐 데 베띠즈 에 트하바v이유]
: 이제 바보 같은 말 그만하고 공부해.

 Oh là là, je sors.
올 올랄 올라, 쥬 / 쏘ㅎ̃.
아이고, 나는 / 나간다.

 Non, tu ne sors pas!
농, 뛰 느 / 쏘ㅎ̃ 빠!
아니, 너 / 나가지 마!

Vlam!
블v람!
쾅!

A : 어휴, 나 나간다.
S : 아니, 너 나가지 마!
　　쾅!

④ 오늘 우리 만나기로 했잖아.

 Allô, Pablo?
알로, 빠블로?
여보세요, 파블로 남성이름 ?

 Oui Cécile, qu'est-ce qu'il y a?
위 쎄씰, 께스낄 이 아?
응 세실 여성이름 , 무슨 의문 ~이 있다?

 Où es-tu?
우 / 에 / 뛰?
어디 / ~이다 / 너는?

C : 여보세요, 파블로?
P : 응 세실, 무슨 일이야?
C : 너 어디야?

◀ **oh là là**
'올랄라'나 '올랄라' 잘 아시죠? 프랑스어로 쓰면
oh là là입니다. '이런, 아이고, 저런'의 의미로 사
용되는 감탄사입니다.

Allô, c'est le restaurant Hong Kong?
알로, 쎄 를르 헤스또헝 옹 꽁그
여보세요, 홍콩반점이죠?

PABLO

Je suis sur un banc.

쥬 쒸이 / 쒸흐 / 앙 벙.
나는 ~이다 / ~에 / 하나의 벤치.

CÉCILE

Un banc? Où est-ce qu'il y a un banc?

앙 벙? 우 에스낄 이 아 / 앙 벙?
벤치? 어디에 의문 ~있다 / 하나의 벤치?

PABLO

Dans le parc à côté de chez moi.

덩 을르 빠흐끄 / 아 꼬떼 드 쉐 무아.
공원에 / 내 집 옆에.

CÉCILE

Pourquoi tu es là-bas?

뿌흐꾸아 / 뛰 에 을라 바?
왜 / 너는 그곳에 있다?

◀ là-bas
'저기, 거기' 라는 뜻의 **là-bas**입니다. '여기'를 의미하는 ici와 반대된다고 볼 수 있겠죠.

PABLO

Qu'est-ce que tu veux dire?

께스끄 / 뛰 뵈v / 디흐?
무엇을 의문 / 너는 하고 싶다 / 말하다?

CÉCILE

On a rendez-vous aujourd'hui.

옹 (ㄴ)아 / 헝데 부v / 오주흐뒤이.
우리는 가지고 있다 / 약속 / 오늘.

◀ rendez-vous
'만남·약속'이라는 의미를 가지고 있는 **rendez-vous**는 대명동사 se rendre (어디에 가다)를 명령법으로 변형시킨 것입니다.
그런데 이 동사+주어 (rendez + vous)가 합쳐져 '만남·약속'이라는 명사가 된 것이지요.

P : 나는 벤치에 앉아있어.
C : 벤치에? 벤치가 어디에 있어?
P : 우리집 옆에 있는 공원에 있어.
C : 왜 거기에 있는 거야?
P : 무슨 말이야?
C : 오늘 우리 만나기로 약속했잖아.

Ah bon? On est quel jour?
아 봉? 옹 (ㄴ)에 / 껠 주흐?
그래? 우리는 ~이다 / 어떤 날?

On est vendredi!
옹 (ㄴ)에 / 벙v드흐디!
우리는 ~이다 / 금요일!

Ah zut...
아 쥐뜨…
아 이런…

P : 그래? 오늘 무슨 요일인데?
C : 오늘 금요일이잖아!
P : 이런…

5 **무엇을 찾으시나요?**

Bonjour madame.
봉주흐 / 마담.
안녕하세요 / 부인.

Qu'est-ce que vous cherchez?
께스끄 / 부v / 셰흐셰?
무엇을 [의문] / 당신은 / 찾다?

Je voudrais 1 kilo de clémentines et une laitue, s'il vous plaît.
쥬 부v드헤 / 앙 낄로 / 드 끌레멍띤 / 에 윈 을레뛰, 씰 부v 쁠레.
저는 원하다 / 1 킬로그램의 / 귤을 /
그리고 상추 하나를, 당신에게 부탁하다.

C : 안녕하세요, 부인.
　　무엇을 찾으시나요?
F : 귤 1킬로그램이랑 상추 하나 주세요.

◀ **On est quel jour?**
직역하면 '우리 어떤 날이야?'이지만, '오늘이
무슨 요일이야?'라는 뜻으로 사용됩니다.

◀ **Je voudrais**
공손하게 부탁하려고 할 때는 'vouloir (원하다)'
나 'pouvoir (할 수 있다)'를 조건법 현재 시제로
변형해서 사용합니다.

Je voudrais une pomme .
[쥬 부드헤 윈 뽐므]
: 저는 사과를 하나 원합니다.

Pourriez-vous me donner de l'eau?
[뿌히에 부v 므 도네 드 을로]
: 물을 좀 주시겠습니까?

Vous avez besoin d'autres choses?

부v (ㅈ)아베v / 브주앙 / 도트흐 쇼즈?
당신은 가지고 있다 / 필요하다 / 다른 것들?

Ah oui.
Est-ce que vous avez des cerises?

아 위. 에스끄 / 부v (ㅈ)아베v / 데 쓰히즈?
아 네. [의문] / 당신은 가지고 있다 / 체리?

Ah non madame, il n'est pas encore la saison des cerises.

아 농 마담, 일 네 빠 / 엉꼬흐 / 올라 쎄종 / 데 쓰히즈.
아 아뇨 부인, 그것은 아니다 / 아직 / 그 계절 / 체리.

J'ai des raisins sinon.

줴 / 데 ~해장 / 씨농.
나는 가지고 있다 / 포도 / 그렇지 않으면.

Non, merci, ça va aller.

농, 메흐씨, 싸 바v 알레.
아뇨, 감사합니다, 괜찮다.

C'est quand, la saison des cerises?

쎄 / 껑, 올라 쎄종 / 데 쓰히즈?
그것은 ~이다 / 언제, 그 계절 / 체리?

C'est en été, vers juin.

쎄 / 엉 에떼, 베v흐 쥐앙.
그것은 ~이다 / 여름, 6월쯤.

Vous avez quoi comme fruits tropicaux?

부v (ㅈ)아베v / 꾸아 / 꼼므 / 프f휘이 트~호피꼬?
당신은 가지고 있다 / 어떤 / 종류의 / 열대 과일들?

C : 필요하신 거 더 있으세요?
F : 아, 네. 체리 있으세요?
C : 아뇨, 부인, 아직 체리의 계절이 아니에요.
　　포도는 있습니다.
F : 아뇨, 괜찮습니다. 체리 계절이 언제예요?
C : 여름입니다, 6월쯤이요.
F : 열대 과일은 뭐 있으세요?

◀ **Vous avez besoin d'autres choses?**
'필요하신 게 더 있으신가요?'라는 문장으로 장을 보러 가면 매우 자주 들을 수 있는 표현입니다.

◀ **Ça va aller.**
직역하면 '그것은 갈 것입니다'이지만 해석하면 '괜찮습니다'입니다. 알아두면 쓸 데 많은 구어체 표현입니다.

Cette pastèque est de bonne qualité.
쎗 빠스떼끄 에 드 본 꺌리떼
이 수박은 품질이 좋다.

 J'ai des ananas et des grenades.
쉐 / 데 (ㅈ)아나나쓰 / 에 데 그흐나드.
나는 가지고 있다 / 파인애플들 / 그리고 석류들.

 Je vais prendre un ananas aussi.
쥬 베v / 프헝드흐 / 앙 (ㄴ)아나나쓰 / 오씨.
나는 ~할 것이다 / 사다 / 하나의 파인애플 / 역시.

Ça fait combien en tout?
싸 페f 꽁비앙 / 엉 뚜?
그것은 얼마이다 / 모두?

 Alors, 2,50 euros les clémentines,
알로흐, 되 (ㅈ)외흐 쌍껑뜨 / 을레 끌레멍띤,
자, 2.5 유로 / 귤,

90 cents la laitue et 1,50 euro l'ananas. ◀
꺄트흐방v디쓰 썽띰 / 을라 을레뛰 / 에 / 앙 (ㄴ)외흐 쌍껑뜨 /
을라나나쓰.
90 센트 / 상추 / 그리고 / 1.5 유로 / 파인애플.

4,90 euros au total.
꺄트흐 외흐 꺄트흐방v디쓰 / 오 또딸.
4.9 유로 / 총.

 Voilà, merci, au revoir.
부v알라, 메흐씨, 오 흐부v아흐.
여기요, 감사합니다, 안녕히 계세요.

 Au revoir madame.
오 흐부v아흐 / 마담.
안녕히 가세요 / 부인.

C : 파인애플과 석류가 있습니다.
F : 파인애플도 하나 주세요.
　　합쳐서 얼마예요?
C : 자, 귤 2유로 50센트,
　　상추 90센트, 파인애플 1유로 50센트.
　　총 4유로 90센트입니다.
F : 여기요. 감사합니다. 안녕히 계세요.
C : 안녕히 가세요.

 TIP

90 cents
공식적으로 1유로는 100 cents입니다. cents의
발음은 '썽'인데, 프랑스에서는 '썽띰(centimes)'
이라고 부릅니다. 유로화를 사용하기 이전에는 프
랑스 화폐가 '프항(francs)'이었는데, 그때 프랑
의 하위 단위가 '썽띰'이었습니다.

◀ **au revoir**
직역하자면 '다시 보자'라는 의미지만, 보통 '안녕
히 계세요, 안녕히 가세요, 잘 가'라는 의미로 사
용됩니다.

6 같이 축구 할래?

ARNAUD
Eh Victor, tu veux jouer au foot?
에 빅v또흐, 뛰 뵈v / 주에 오 푸f뜨?
어이 빅터 남성이름, 너는 원하다 / 축구 하기를?

VICTOR
Non désolé Arnaud,
je ne peux pas là.
농 / 데졸레 / 아흐노, 쥬 느 뾔 빠 / 을라.
아니 / 미안 / 아르노 남성이름, 나는 할 수 없다 / 지금.

ARNAUD
Pourquoi tu ne peux pas?
뿌흐꾸아 / 뛰 느 뾔 빠?
왜 / 너는 할 수 없다?

VICTOR
Parce que je dois aller quelque part. ◀
빠흐쓰 끄 / 쥬 두아 / 알레 / 껠끄 빠흐.
왜냐하면 / 나는 해야 한다 / 가다 / 어딘가에.

ARNAUD
Tu vas où?
뛰 / 바v / 우?
너는 / 가다 / 어디?

VICTOR
Je dois aller chez le dentiste.
쥬 두아 / 알레 / 쉐 을르 덩띠스뜨.
나는 해야 한다 / 가다 / 치과에.

A : 빅터, 같이 축구 할래?
V : 아니, 미안해 아르노, 지금은 축구 못 해.
A : 왜 못 해?
V : 어디 가야 하거든.
A : 어디 가는데?
V : 치과에 가야 해.

---

quelque
quelque가 단수인 경우에는 '어느, 어떤'이라는
뜻이고 복수인 경우(quelques)에는 '몇몇의, 약
간의'라는 뜻을 가지게 됩니다.

quelque chose
[껠끄 쇼즈]
: 어떤 것, 무엇인가

quelques amis
[껠끄 (ㅈ)아미]
: 몇몇의 친구들

◀ **chez le dentiste**
직역하면 '치과의사네 집에'라는 의미입니다.
'chez' 뒤에 직업 명을 붙이면, 그곳에 가서 어떤
볼일을 본다는 의미가 됩니다.

chez le boulanger
[쉐 을르 불렁제]
: 빵집에 (직역 : 빵 굽는 사람 집에)

chez l'épicier
[쉐 을레삐씨에]
: 식료품상 (직역 : 식료품상네 집에)

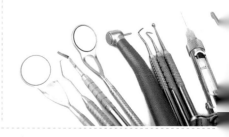

 Quand est-ce que tu reviens?
ARNAUD
껑 / (ㄸ)에스끄 / 뛰 흐비v앙?
언제 / 의문 / 너는 돌아오다?

 Je reviens dans une heure.
VICTOR
쥬 흐비v앙 / 덩 (ㅈ)윈 외흐.
나는 돌아오다 / 한 시간 후.

 Ok, on t'attend au terrain de foot.
ARNAUD
오께, 옹 / 따떵 / 오 / 떼항 드 푸f뜨.
오케이, 우리는 / 너를 기다린다 / ～에서 / 축구장.

 Vous êtes combien?
VICTOR
부v / (ㅈ)에뜨 / 꽁비앙?
너희들은 / ～이다 / 몇 명?

 On est neuf, dix avec toi.
ARNAUD
옹 (ㄴ)에 / 뇌프f, 디쓰 / 아베v끄 / 뚜아.
우리는 ～이다 / 아홉명, 열 명 / ～와 함께 / 너.

 Il y a qui?
VICTOR
일 이 아 / 끼?
～이 있다 / 누구?

A : 언제 돌아와?
V : 1시간 뒤에 돌아와.
A : 알았어, 그러면 우리는 축구장에서 기다리고 있을게.
V : 너희들 몇 명인데?
A : 우리는 아홉 명이야, 너까지 하면 열 명.
V : 누구누구 있어?

◀ **terrain de foot**
terrain은 '땅, 토지'의 뜻을 가지고 있지만 '어떤 활동을 위한 장소, 장, 터'의 뜻도 가지고 있습니다. 그래서 terrain de foot이라고 하면 '축구장', terrain de basket이라고 하면 '농구장'이 되는 겁니다.

Je reviens dans une semaine.
쥬 흐비v앙 덩 (ㅈ)윈 쓰멘느
나는 일주일 뒤에 돌아온다.

ARNAUD

Il y a des gens de notre classe, Valentin, Antoine, Alexandre.

일 이 아 / 데 정 / 드 노트흐 끌라쓰,
발V렁땅, 엉뜨완느, 알렉성드흐.
~있다 / 사람들 / 우리 반의,
발렌타인 남성이름, 앤토니 남성이름, 알렉산더 남성이름.

Et il y a aussi des amis.

에 / 일 이 아 / 오씨 / 데 (ㅈ)아미.
그리고 / ~있다 / 또한 / 몇몇 친구들.

VICTOR

Ok, on se voit dans une heure.

오께, 옹 / 쓰 부V아 / 덩 (ㅈ)윈 외흐.
오케이, 우리는 / 만나다 / 한 시간 후.

A : 우리 반 애들 발렌타인, 앤토니, 알렉산더.
　　그리고 몇몇 친구들도 있어.
V : 알겠어, 1시간 뒤에 보자.

◀ **On se voit dans une heure.**

'만나다'의 뜻으로 사용되는 동사는 대명동사 se voir입니다. 직역하면 '서로를 보다'이죠. '만나다'를 뜻하는 다른 동사도 있는데, 바로 rencontrer입니다. 그런데 rencontrer는 '우연히 만나다'는 뜻이 더 강한 동사입니다. ('약속하고 만나다'의 뜻도 있습니다)

Je l'ai rencontré hier dans la rue.
[쥬 울레 헝꽁트헤 이에흐 덩 을라 휘]
: 나는 어제 그를 거리에서 만났어.

Je voyage sac au dos.
쥬 부V아아아주 싸 (ㄲ)오 도
나는 배낭여행을 한다.

7 알래스카로 가.

MARGUERITE

Je pars en voyage dans quelques semaines.
쥬 빠흐 / 엉 부v아이아주 / 덩 껠끄 쓰멘느.
나는 떠나다 / 여행을 / 몇 주 뒤에.

AVA

Tu vas où en voyage?
뛰 / 바v / 우 / 엉 부v아이아주?
너는 / 가다 / 어디로 / 여행을?

MARGUERITE

Je vais à l'Alaska.
쥬 / 베v / 아 / 을랄라쓰꺄.
나는 / 가다 / ~로 / 알래스카.

AVA

À l'Alaska? Pourquoi?
아 을랄라쓰꺄? 뿌흐꾸아?
알래스카에? 왜?

MARGUERITE

Parce que je veux voir des pingouins. ◀
빠흐쓰 끄 / 쥬 뵈v / 부v아흐 / 데 빵구앙.
왜냐하면 / 나는 ~원하다 / 보기를 / 펭귄들.

AVA

Mais il n'y a pas de pingouins à l'Alaska.
메 / 일 니 아 빠 / 드 빵구앙 / 아 을랄라쓰꺄.
하지만 / 그곳에는 없다 / 펭귄들이 / 알래스카에.

MARGUERITE

Comment ça?
꼬멍 싸?
그게 무슨 말이야?

M : 나 몇 주 뒤에 여행 가.
A : 여행 어디로 가?
M : 알래스카로 가.
A : 알래스카에? 왜?
M : 펭귄이 보고 싶어서.
A : 알래스카에는 펭귄이 없는걸.
M : 그게 무슨 말이야?

TIP

Je veux voir des pingouins.

프랑스인 대부분이 펭귄이 프랑스어로 pingouin
인 줄 알고 사용합니다.

영어의 'penguin'과 철자도 비슷하고 발음도 비
슷하니까요. '마다가스카의 펭귄'이라는 영화 아
시나요? 그 영화가 프랑스에서 개봉했을 때, 'Les
pingouins de Madagascar'이라는 제목으로 개
봉했을 정도입니다. 하지만 펭귄의 정확한 프랑
스어 단어는 'manchot [멍쇼]'입니다. pingouin
은 '바다쇠오리'를 지칭하는 단어이고요. 이 다이
얼로그에서는 편의상 펭귄의 단어로 pingouin을
사용했습니다.

Les pingouins vivent en Antarctique, en Afrique du Sud, au Chili, etc.

AVA

을레 빵구앙 비v브v / 엉 (ㄴ)엉따흐끄띠끄,
엉 (ㄴ)아프f히끄 뒤 쒸드, 오 실리, 엣 쎄떼하.
펭귄들은 살다 / 남극에,
남아프리카 공화국에, 칠레에, 등등.

Il y a des ours blancs à l'Alaska.

일 이 아 / 데 (ㅈ)우흐쓰 블렁 / 아 을랄라쓰꺄.
~ 이 있다 / 북극곰들 / 알래스카에.

Je n'aime pas les ours blancs.

MARGUERITE

쥬 넴므 빠 / 을레 (ㅈ)우흐쓰 블렁.
나는 좋아하지 않는다 / 북극곰들.

Les ours blancs sont si mignons!

AVA

을레 (ㅈ)우흐쓰 블렁 / 쏭 / 씨 / 미뇽!
북극곰들은 / ~이다 / 얼마나 / 귀여운!

Non, je dois changer de destination.

MARGUERITE

농, 쥬 두아 / 셩제 / 드 데쓰띠나씨옹.
아니야, 나는 ~해야 한다 / 바꾸다 / 목적지를.

Tu veux aller où?

AVA

뛰 뵈v / 알레 / 우?
너는 ~원하다 / 가다 / 어디에?

A : 펭귄들은 남극, 남아프리카공화국, 칠레 같은 곳에 살아.
　　알래스카에는 북극곰이 있어.
M : 나는 북극곰을 좋아하지 않아.
A : 북극곰들이 얼마나 귀여운데!
M : 아니야, 목적지를 바꿔야 해.
A : 어디에 가고 싶은데?

◀ etc

영어와 마찬가지로 '등등'이라고 할때는 프랑스어에서도 라틴어의 et cetera (프랑스식 발음 [엣쎄떼하])를 사용합니다.

◀ ours blanc

한국에서 흔히 '북극곰'이라고 부르는 곰들을 프랑스어로는 ours blanc [우흐쓰 블렁], 즉 '백곰'이라고 부릅니다. '반달곰'은 ours noir d'asie [우흐쓰 누아흐 다지] '아시아의 흑곰'이라고 부르며 ours à collier [우흐쓰 아 꼴리에] '목걸이를 한 곰'이라고도 부릅니다. 귀엽지 않나요?

MARGUERITE

Je vais au Chili.
쥬 베v / 오 / 실리.
나는 간다 / ~에 / 칠레.

AVA

Pourquoi le Chili?
뿌흐꾸아 / 을르 실리?
왜 / 그 칠레?

MARGUERITE

Je veux voir des pingouins et des lamas.
쥬 뵈v / 부v아흐 / 데 빵구앙 / 에 / 데 을라마.
나는 원하다 / 보다 / 펭귄들 / 그리고 / 라마들.

AVA

Bon voyage!
봉 부v아이아주!
즐거운 여행 하기를 바라!

M : 칠레로 가겠어.
A : 칠레는 왜?
M : 펭귄이랑 라마를 보고 싶어.
A : 즐거운 여행을 하기 바랄게!

Il est mignon ce manchot!
일 에 미뇽 쓰 멍쇼
이 펭귄 귀엽다!

함께 배우면 좋은
단어장 무료 제공

품사별로 잘 정리된 1,000개의 단어 무료 제공!
엄선된 기초단어로 지금 바로 프랑스어를 시작해보세요.